折射集
prisma

照亮存在之遮蔽

Henri Lefebvre

La Pensée marxiste et la ville

当代学术棱镜译丛·列斐伏尔研究系列

丛书主编 张一兵　副主编 周宪 周晓虹

马克思主义思想与城市

［法］亨利·列斐伏尔 著 郑劲超 译 刘怀玉 校译

南京大学出版社

La Pensée marxiste et la ville

Author：Henri Lefebvre

Original French edition and artwork © Editions Casterman

All rights reserved.

Text translated into Simplified Chinese © Nanjing University Press（2025）

This copy in Simplified Chinese can only be distributed and sold in PR China，no rights in Taiwan，Hong Kong and Macau.

江苏省版权局著作权合同登记　图字：10-2022-501号

图书在版编目（CIP）数据

马克思主义思想与城市 /（法）亨利·列斐伏尔著 ；
郑劲超译. 南京 ：南京大学出版社，2025. 1.
（当代学术棱镜译丛 / 张一兵主编）. — ISBN 978-7
-305-28315-4

Ⅰ. C912. 81

中国国家版本馆CIP数据核字第2024EM4076号

本书系高校人文社会科学重点研究基地重大项目"西方马克思主义的哲学与社会批判理论再研究：以列斐伏尔为核心线索"（编号22JJD710020）阶段性成果。

出版发行　南京大学出版社
社　　址　南京市汉口路22号　　　　邮　编　210093
丛 书 名　当代学术棱镜译丛
书　　名　**马克思主义思想与城市**
　　　　　MAKESI ZHUYI SIXIANG YU CHENGSHI
著　　者　［法］亨利·列斐伏尔
译　　者　郑劲超
校　　译　刘怀玉
责任编辑　张　静
照　　排　南京南琳图文制作有限公司
印　　刷　江苏凤凰通达印刷有限公司
开　　本　787 mm×1092 mm　1/16开　印张11. 75　字数189千
版　　次　2025年1月第1版　　印　次　2025年1月第1次印刷
印　　量　1～3000册
ISBN　978-7-305-28315-4
定　　价　55. 00元
网　　址　http：//njupco. com
官方微博　http：//weibo. com/njupco
官方微信　njupress
销售热线　025-83594756

《当代学术棱镜译丛》总序

自晚清曾文正创制造局,开译介西学著作风气以来,西学翻译蔚为大观。百多年前,梁启超奋力呼吁:"国家欲自强,以多译西书为本;学子欲自立,以多读西书为功。"时至今日,此种激进吁求已不再迫切,但他所言西学著述"今之所译,直九牛之一毛耳",却仍是事实。世纪之交,面对现代化的宏业,有选择地译介国外学术著作,更是学界和出版界不可推诿的任务。基于这一认识,我们隆重推出《当代学术棱镜译丛》,在林林总总的国外学术书中遴选有价值篇什翻译出版。

王国维直言:"中西二学,盛则俱盛,衰则俱衰,风气既开,互相推助。"所言极是!今日之中国已迥异于一个世纪以前,文化间交往日趋频繁,"风气既开"无须赘言,中外学术"互相推助"更是不争的事实。当今世界,知识更新愈加迅猛,文化交往愈加深广。全球化和本土化两极互动,构成了这个时代的文化动脉。一方面,经济的全球化加速了文化上的交往互动;另一方面,文化的民族自觉日益高涨。于是,学术的本土化迫在眉睫。虽说"学问之事,本无中西"(王国维语),但"我们"与"他者"的身份及其知识政治却不容回避。但学术的本土化绝非闭关自守,不但知己,亦要知彼。这套丛书的立意正在这里。

"棱镜"本是物理学上的术语,意指复合光透过"棱镜"便分解成光谱。丛书所以取名《当代学术棱镜译丛》,意在透过所选篇什,折射出国外知识界的历史面貌和当代进展,并反映出选编者的理解和匠心,进而实现"他山之石,可以攻玉"的目标。

本丛书所选书目大抵有两个中心:其一,选目集中在国外学术界新近的发展,尽力揭櫫域外学术20世纪90年代以来的最新趋向和热点问题;其二,不忘拾遗补阙,将一些重要的尚未译成中文的国外学术著述囊括其内。

众人拾柴火焰高。译介学术是一项崇高而又艰苦的事业,我们真诚地希望更多有识之士参与这项事业,使之为中国的现代化和学术本土化做出贡献。

丛书编委会
2000 年秋于南京大学

历史唯物主义理论框架中的城市哲学总问题式的发现与建构

——《马克思主义思想与城市》中译本序言[①]

刘怀玉　鲁均亦

引论：《马克思主义思想与城市》的文献价值与意义

亨利·列斐伏尔(Henri Lefebvre,1901—1991)是20世纪西方马克思主义阵营中最重要的、最富原创性的思想家之一。他不仅仅是法国马克思主义哲学家、社会学家,也是日常生活批判理论的奠基者、都市马克思主义的开拓者。在其跨越六十余年的创作生涯中,列斐伏尔的著作涉及广泛的主题,包括文学、语言、历史、哲学、马克思主义,以及乡村与城市社会学、空间、时间与现代世界。正如巴黎第八大学教授、列斐伏尔生平思想传记专家雷米·埃斯所说:列斐伏尔的思想写作表现出一定的周期性、历史性和主题性[②]。因为对于列斐伏尔来说,"日常生活""城市""都市""空间"和"现代世界""国家空间"等都是一些近似的"母体",这些问题的母体的最重要来源是马克思历史唯物主义哲学揭示的一条重要规律:资本主义生产关系的生产与再生产机制。列斐伏尔自己也不断地强调,"社会空间理论一方面包含对都市现实的批

---

① 原文发表于《南京大学学报(哲学·人文科学·社会科学)》2020年第3期,文字有改动。本文发表时,本书尚未译出,故涉及原书内容之处,由本文作者从法文版译出。

② Henri Lefebvre, *La Production de l'espace*, 4e édn, Paris: Anthropos, 2000, p. VII.

判分析,一方面包括对日常生活的批判分析;实际上日常生活与城市是不可分割地联系在一起的,同时产品和生产活动通过这两者占据着一个空间……这一分析建立在社会实践活动的总体之上,因为这些活动在都市、日常生活的复杂空间中纠缠在一起,直到在某一点上能够确保生产关系(社会关系)的再生产"。① 换句话说,列斐伏尔漫长一生的哲学思想是一个"总体",它不是一个封闭的体系,实际上他的理论观点富有流动性、动态感与开放性。在这个总体中每一个"部件"都有其自身的特殊性,不同的要素或者主题之间存在着紧密的联系。

第一,围绕日常生活批判的主题,列斐伏尔在 1947 年至 1982 年间,出版了《日常生活批判:导论》②《日常生活批判:日常生活社会学基础》③《现代世界的日常生活》④《日常生活批判:从现代性到现代主义(日常生活的元哲学)》⑤四部批判性研究资本主义社会日常生活的著作,为马克思主义日常生活批判哲学的大厦奠定了坚实的基础,是列斐伏尔一生中最重要的理论创造成果。

---

① [法]亨利·列斐伏尔:《空间与政治》,李春译,上海:上海人民出版社,2015年,第 1 页。

② Henri Lefebvre, *Critique of Everyday Life, vol. 1: Introduction*, translated by John Moore, New York: Verso, 1991. Originally published as *Critique de la vie quotidienne, vol. 1: Introduction*, Paris: Grasset, 1947. [法]亨利·列斐伏尔:《日常生活批判》第一卷,叶齐茂、倪晓晖译,北京:社会科学文献出版社,2018 年。

③ Henri Lefebvre, *Critique of Everyday Life, vol. 2: Foundations for a Sociology of the Everyday*, translated by John Moore, London: Verso, 2002. Originally published as *Critique de la vie quotidienne, vol. 2: Fondements d'une sociologie de la quotidienneté*, Paris: L'Arche, 1961. [法]亨利·列斐伏尔:《日常生活批判》第二卷,叶齐茂、倪晓晖译,北京:社会科学文献出版社,2018 年。

④ Henri Lefebvre, *Everyday Life in the Modern World*, translated by Sacha Rabinovitch, New Brunswick, N. J.: Transaction Publishers, 1984. Originally published as *La vie quotidienne dans le monde moderne*, Paris: Gallimard, 1968.

⑤ Henri Lefebvre, *Critique of Everyday Life, vol. 3: From Modernity to Modernism: Towards a Metaphilosophy of Daily Life*, translated by John Moore, London: Verso, 2005. Originally published as *Critique de la vie quotidienne, vol. 3: Dela modernité au modernisme: Pour une métaphilosophie du quotidien*, Paris: L'Arche, 1981. [法]亨利·列斐伏尔:《日常生活批判》第三卷,叶齐茂、倪晓晖译,北京:社会科学文献出版社,2018 年。

第二,围绕马克思的辩证法思想,列斐伏尔同样有持续性、创造性的重要阐释,诸如《辩证唯物主义》①《形式逻辑,辩证逻辑》②《元哲学》③《黑格尔、马克思与尼采,或阴影的王国》④《辩证法的回归》⑤等,辩证法不再是正题/反题/合题的辩证法,也不是自然的辩证法,更不是肯定/否定/否定之否定的辩证法。列斐伏尔倾向于用一种更加开放的"三元辩证法"辩证思维去发展由黑格尔建立,马克思、恩格斯和列宁发展的辩证法。

第三,关于黑格尔以及马克思主义经典作家著作的导读性的文本也尤为可观,例如《黑格尔辩证法著作导读》⑥《马克思著作选读》⑦《列宁〈哲学笔记〉导读》⑧《马克思主义的当前问题》⑨《马克思主义》⑩等,

---

① Henri Lefebvre, *Dialectical Materialism,* translated by John Sturrock, London: Cape, 1968. Originally published as *Le matérialisme dialectique*, Paris: Alcan, 1939. 本书第二章《人类的产生》(乔桂云译,葛智强校)被译成汉语,载《西方学者论〈一八四四年经济学—哲学手稿〉》一书第 164—201 页(复旦大学出版社,1983 年)。

② Henri Lefebvre, *Logique formelle, logique dialectique, Vol. 1 of A la lumière du matérialisme dialectique,* written in 1940 – 41 (2nd volume censored), Paris: Éditions sociales, 1947.

③ Henri Lefebvre,*Métaphilosophie,* foreword by Jean Wahl, Paris: Éditions de Minuit,Collection "Arguments",1965; Henri Lefebvre,*Metaphilosophy,* edited by Stuart Elden,translated by David Fernbach,published by Verso, 2016.

④ Henri Lefebvre, *Hegel, Marx, Nietzsche, ou le royaume des ombres*, Paris: Tournai, Casterman, Collection "Synthèses contemporaines", 1975; Henri Lefebvre, *Hegel, Marx, Nietzsche, or the realm of shadow,* translated by David Fernbach, introduction by Stuart Elden, Verso, London, New York, 2020.

⑤ Henri Lefebvre, *Le Retour de la Dialectique: 12 Mots Cles pour le Monde Moderne*, Paris: Messidor/Editions Sociales, 1986.

⑥ Henri Lefebvre, with Norbert Guterman, *G. W. F. Hegel, Morceaux choisis*, Paris: Gallimard,1938.

⑦ Henri Lefebvre, with Norbert Guterman, *Morceaux choisis de Karl Marx*, Paris: NRF,1934.

⑧ Henri Lefebvre, with Norbert Guterman, *Cahiers de Lenine sur la dailectique de Hegel,* Paris: Gallimard, 1938.

⑨ Henri Lefebvre, *Problèmes actuels du marxisme*, Paris: Presses universitaires de France, 4th edition, 1970. 中文版参见《马克思主义的当前问题》,李元明译,北京:三联书店,1966 年。

⑩ Henri Lefebvre, *Le marxisme*, Paris: PUF, Collection Que sais-je, 1948.

这些著作不仅使得列斐伏尔具有深厚的古典哲学底蕴以及马克思主义哲学基础,同时也使得他始终保持着勇往直前的激进姿态,并成为"游牧式的元马克思主义者"①。

第四,关于论战性的哲学著作我们也不能忽视,例如《存在主义》②《超越结构主义》③《刍议智能人:反对技术官僚》④等。对教条主义的持续批判是其维护马克思主义的生命活力和创造力的一贯态度,无论是存在主义的"人类本质"抽象词句的复归,还是脱离无产阶级物质实践活动的阿尔都塞结构主义以及国家技术官僚统治在右翼中的崛起,都是列斐伏尔猛烈批判的对象。

第五,集中创作了一系列的美学和文学评论相关的著作,包括对尼采⑤、缪塞⑥、拉伯雷⑦、笛卡尔⑧、帕斯卡⑨、狄德罗⑩、皮尼翁⑪等人的传记式研究。这些研究既是紧张政治氛围下的一种韬光养晦之策略,同时也是使用历史唯物主义哲学方法考察经典作家思想中的哲学与政治意义的可贵探索。例如对拉伯雷的研究使他重新思考了"节日"概念,这一概念对其审视五月风暴和巴黎公社以及日常生活中的革命潜

① [美]爱德华·索杰:《第三空间——去往洛杉矶和其他真实和想象地方的旅程》,陆扬等译,上海:上海教育出版社,2005 年,第 41 页。

② Henri Lefebvre, *L'Existentialisme*, Paris: Éditions du Sagittaire, 1946.

③ Henri Lefebvre, *Au-delà du structuralisme*, Paris: Anthropos, 1971.

④ Henri Lefebvre, *Vers le cybernanthrope: contre les technocrates*, Paris: Denoël, 1971.

⑤ Henri Lefebvre, *Nietzsche*, Paris: Éditions sociales internationales, 1939.

⑥ Henri Lefebvre, *Alfred de Musset: Dramaturge*, Paris: L'Arche, 1955;中文版参见《勒菲弗尔文艺论文选》,北京:作家出版社,1965 年。

⑦ Henri Lefebvre, *François Rabelais*, Paris: Anthropos, 1955.

⑧ Henri Lefebvre, *Descartes*, Paris: Éditions Hier et Aujourd'hui, 1947.

⑨ Henri Lefebvre, *Pascal(1)*, Tome Premier, Paris: Nagel, 1949; Henri Lefebvre, *Pascal(2)*, Tome Deux, Paris: Nagel, 1954.

⑩ Henri Lefebvre, *Diderot ou les affirmations fondamentales du matérialisme*, Paris: L'Arche, 1949. 中文版参见《狄德罗的思想和著作》,张本译,北京:商务印书馆,1985 年;《勒菲弗尔文艺论文选》,北京:作家出版社,1965 年。

⑪ Henri Lefebvre, *Pignon*, Paris: Le musée de poche, 1956.

能问题都非常重要。

第六,大量有关乡村社会学与都市社会学以及城市空间类的著作,主要包括:《康庞山谷:乡村社会学研究》[①]《比利牛斯》[②]《进入城市的权利》[③]《从乡村到都市》[④]《都市革命》[⑤]《马克思主义思想与城市》[⑥]《空间与政治》[⑦]以及《空间的生产》[⑧]等。后六本著作就是学术界惯称的"城市六书",当然也有人说是"城市七书",因为有学者将列斐伏尔总结法国五月风暴的著作《爆炸:马克思主义与法国革命》[⑨]以及《资本主义的幸存:生产关系的再生产》[⑩]两本书合并为一本也算在其中。

列斐伏尔有关城市主题的凸显与他对乡村历史社会学的考察有关。他一生的大部分时间都在巴黎、斯特拉斯堡与法国西南部家乡小镇之间往返,这种状态为其观察城市和乡村的社会空间结构差异转换

---

① Henri Lefebvre, *Lavallée de Campan: Étude de sociologierurale*, Paris: Presses universitaires de France, 1963.

② Henri Lefebvre, *Pyrénées*, Lausanne, France: Éditions Rencontre, 1965.

③ Henri Lefebvre, *Le droit à la ville*, Paris: Anthropos, 1968; translated and edited by Eleonore Kofman and Elizabeth Lebas as "The Right to the City", in *Writings on Cities*, Oxford: Blackwell, 1996, pp. 63 – 181.

④ Henri Lefebvre, *Du rural à L'urbain*, Paris: Anthropos, 1970.

⑤ Henri Lefebvre, *La révolution urbaine*, Paris: Gallimard, 1970; translated by Robert Bononno as *The Urban Revolution*, Minneapolis: University of Minnesota Press, 2003. 参看[法]亨利·列斐伏尔:《都市革命》,刘怀玉、张笑夷、郑劲超译,北京:首都师范大学出版社,2018 年。

⑥ Henri Lefebvre, *La pensée marxiste et la ville*, Paris: Casterman, 1972.

⑦ Henri Lefebvre, *Espace et politique: Le droit à la ville II*, Paris: Anthropos, 1972. 参看[法]亨利·列斐伏尔:《空间与政治》,李春译,上海:上海人民出版社,2015 年。

⑧ Henri Lefebvre, *La production de l'espace*, Paris: Anthropos, 1974; translated by Donald Nicholson-Smith as *The Production of Space*, Oxford: Blackwell, 1991.

⑨ Henri Lefebvre, *L'irruption de Nanterre au sommet*, 2d ed., Paris: Éditions Syllepse, 1968; translated by Alfred Ehrenfeld as *The Explosion: Marxism and the French Upheaval*, New York: Modern Reader, 1969.

⑩ Henri Lefebvre, *La survie du capitalisme: La re-production des rapports de production*, 3d ed., Paris: Anthropos, 1973; abridged version translated by Frank Bryant as *The Survival of Capitalism*, London: Allison & Busby, 1976.

提供了重要的鲜活的经验。二战后法国乡村的大规模城镇化开发、建设，让他意识到了一个长期以来被马克思主义研究者所忽视的重要问题，即资本主义社会的重要转变：工业化与城市化对乡村社会的破坏与替代，这是乡村的城市化转型。面对这些景象，列斐伏尔开始运用历史唯物主义方法研究城市问题。

首先，他要回应在新城市建设中占据主导地位的技术官僚主义和实证主义的抽象性规划与生产，并说明城市空间的非中立性与政治性；其次，要打破经济决定论和工人至上主义的教条马克思主义长期以来对城市问题和空间问题的忽视，纠正工人运动组织和西方激进左翼面对资本主义的政治实践与国家实践暴露出来的无能为力的倾向①，重新审视城市"新工人阶级"表现出来的革命性潜能；最后，重新反思马克思主义与历史唯物主义视域中的城市与乡村的关系，走出传统的城乡对立思维，在新的历史阶段以及更高的层次上重建日常生活、都市生活，废除国家与劳动，弘扬主体的创造者的自由。

在这样一个背景下，我们就容易理解列斐伏尔为什么会从早中期的日常生活批判转向对城市问题、空间问题的集中研究。换言之，城市空间哲学并非其日常生活批判理论的改弦易辙或者"认识论断裂"，而是其乡村社会学、都市社会学研究的水到渠成或瓜熟蒂落的自然结果。在其为纪念马克思逝世一百周年专门写作的《走向左翼文化政治学：马克思逝世一百周年纪要》②一文中，他反复强调，自己一生对马克思主义最重大的理论贡献是创立了日常生活批判理论。无论是城市权、都市革命、都市社会还是空间生产，我们都可以当成列斐伏尔的总体性、综合性的日常生活批判理论之"星丛式"的诉求。

---

① ［法］雅克·比岱、厄斯塔什·库维拉基斯基主编：《当代马克思辞典》，许国艳等译，北京：社会科学文献出版社，2011年，第555页。

② Henri Lefebvre, "Toward a Leftist Cultural Politics: Remarks Occasioned by the Centenary of Marx's Death", edited by Cary Nelson, Lawrence Grossberge, *Marxism and the Interpretation of Culture*, University of Illinois Press, 1987.

但是 1972 年出版的《马克思主义思想与城市》①这本小册子却有着独特的价值和意义。它是西方马克思主义重要代表人物写作的、系统地解读马克思恩格斯经典著作中城市哲学思想的唯一一本专著。到目前为止，我们还看不到一本与列斐伏尔此书相媲美的专门讨论马克思恩格斯著作中的城市哲学思想的其他著作。诸如曼纽尔·卡斯特的《都市问题》②(1972)、大卫·哈维的《社会正义与城市》③(1973)、马克·戈特迪纳的《城市空间的社会生产》④(1985)、彼得·桑德斯的《社会理论与城市问题》⑤(1986)、艾拉·卡茨纳尔逊的《马克思主义与城市》⑥(1992)以及安迪·麦瑞菲尔德的《都市马克思主义：马克思主义的城市故事》⑦(2002)等著作，也都是或多或少应用马克思恩格斯的相关城市思想研究不同国家区域的现实城市问题，而并非从一手文献中专门系统地研究马克思主义城市思想的著作。这就是列斐伏尔此书在列斐伏尔一生哲学思考当中，在他的"城市七书"中，在整个西方马克思主义包括我们今天称呼的"都市马克思主义"背景中所具有的特殊地位和意义。在全球现代性、全球城市化占据主导潮流地位的今天，这本书

---

① 实际上，本书 1984 年曾经出版过一个英译本(Macmillan，London)，但是没有引起学界关注。其他有关译本情况大致是这样：德语(Otto Maier, Ravensburg, 1975)；丹麦语(Reizel, 1973)；西班牙语(Extemporaneos, 1973)；意大利语(Mazzota, 1973)；葡萄牙语(Uliseia, 1973)。英文新版参看 *Marxist Thought and the City*, translated by Robert Bononno, foreword by Stuart Elden, University of Minnesota Press, Minneapolis, 2016。

② Manuel Castells, *La question urbaine*, Paris: François Maspéro, 1972; Manuel Castells, *The Urban Questions: A Marxist Approach*, translated by A. Scheridane, MIT Press, London: Arnold (Publishers) Ltd., 1979.

③ David Harvey, *Social Justice and the City*, London: Edward Arnold, 1973.

④ [美]马克·戈特迪纳：《城市空间的社会生产》，任晖译，南京：江苏凤凰教育出版社，2014 年。

⑤ [英]彼得·桑德斯：《社会理论与城市问题》，郭秋来译，南京：江苏凤凰教育出版社，2018 年。

⑥ [美]艾拉·卡茨纳尔逊：《马克思主义与城市》，王爱松译，南京：江苏教育出版社，2013 年。

⑦ Andy Merrifield, *Metromarxism: A Marxist Tale of the City*, Routledge, 2002.

具有更加现实的特殊的地位：如何从马克思恩格斯经典著作的一手文献当中把握马克思主义的城市哲学理论，成为一项非常重要的时代课题。

列斐伏尔对马克思和恩格斯关于"城市与都市问题"的著作提供了一种详细的、综合的分析。但列斐伏尔马上承认，这些讨论从来不是寻章摘句的语录体阅读，也不是马克思恩格斯文本中有关城市叙述的条目或者段落的"文本学汇编"，更不是列斐伏尔反复讥讽的阿尔都塞代表的"症候式"（symptômale）阅读，它不需要我们在马克思和恩格斯的思想中发现什么隐秘而玄奥的内容，不需要读者去发现什么秘密。相反，列斐伏尔认为它是一种主题式（thématique）的阅读或重新阅读，把马克思恩格斯的思想著作作为一个"整体"，在这种整体中把握马克思恩格斯如何发现城市、如何理解研究城市问题、如何哲学地正确地预测人类社会的未来。

换言之，马克思恩格斯的思想不是一种古文物的堆积，也不是一种被岁月尘封的僵死的档案，而是一种方法，这种方法在今天仍旧鲜活有用并且可以服务于我们的未来。套用列斐伏尔的原话来说就是，马克思恩格斯的著作中包含着隐而未发的一些方法论内容，"是立足于过去和现在，创造不可能性的未来可能性"[①]。一言以蔽之，列斐伏尔在这里的焦点问题意识就是"在历史唯物主义理论框架下的城市以及随之而来的都市总问题式（la problématique urbaine）"[②]。这本小册子给人一种隐而未发、诱人深思、余音袅袅的启示。总之，此书不仅仅为我们重新审视马克思与恩格斯的城市思想提供了一个专门窗口，同时它也将城市空间与城市生活描述为封建主义向资本主义过渡的场所、工具、主体，这为其理解从乡村到都市的巨大转变提供了历史唯物主义方法

[①] Henri Lefebvre, *La pensée marxiste et la ville*, Paris: Casterman, 1972, p. 155.

[②] Henri Lefebvre, *La pensée marxiste et la ville*, Paris: Casterman, 1972, p. Exv.

论。列斐伏尔的《马克思主义思想与城市》不仅仅是从历史唯物主义角度审视城市问题,更加重要的是,列斐伏尔通过重新审理马克思恩格斯的经典文献及其围绕城市问题的思想线索,发现了微观的历史唯物主义或者说都市马克思主义诞生的多重路径。

关于《马克思主义思想与城市》这本书的历史意义与当代价值,2016年出版的英译本①也有自己的理解评价。作为当今英语世界最具影响力的列斐伏尔研究者及其英译著作最有力的推动者,英国华威大学斯图亚特·埃尔登教授在为英译本所作的序言中指出,与列斐伏尔其他重要著作的英译本出版相比,《马克思主义思想与城市》一书的这个译本无疑来得太迟太晚些。与列斐伏尔在1968年至1974年期间所作的其他的城市研究著作相比,这本经典导读性质非常明显的小册子,无疑有其不可取代的价值。在列斐伏尔的著作群及其整个思想体系中,"这是一部不寻常的著作,它致力于深入地阅读和解释其他人的著作,相比于他的许多其他著作而言,它更加完整甚至可能写得更好。但它不仅仅是对马克思和恩格斯所讨论的城市的研究,而且是把城市作为一个透视镜,为政治经济学的关键方面提供一览无余的视野"②。

需要指出,2016年出版的这个英译本一共是五章,而不像我们根据法文原版译出的四章。关于这一点,埃尔登也作了清楚的说明。在英译本第一章中,列斐伏尔对恩格斯《英国工人阶级状况》一书进行了城市批判视角的解读。在第二章中,他揭示并概括了《1844年经济学哲学手稿》《神圣家族》《德意志意识形态》以及《哲学的贫困》等著作中以分工与交往为核心概念的历史观之特殊的都市底蕴与意义。英译本第三章以《政治经济学批判大纲》(后文简称"《大纲》")中关于"前资本

---

① Henri Lefebvre, *Marxist Thought and the City*, translated by Robert Bononno, foreword by Stuart Elden, University of Minnesota Press, Minneapolis, 2016.

② Henri Lefebvre, *Marxist Thought and the City*, translated by Robert Bononno, foreword by Stuart Elden, University of Minnesota Press, Minneapolis, 2016, p. viii.

主义社会诸形式"的文本片段为核心,把都市主题与"政治经济学批判"这一更广阔的计划联系在一起进行讨论。这里埃尔登专门介绍说,"这个译本还包括原版的另外的一章,《恩格斯与乌托邦》,这一章是为此书而写的,但由于原稿篇幅而转移到《空间与政治》一书中①。它在后来的版本中重新出现,也保留在这个译本中。列斐伏尔在这一章里讨论了恩格斯的《论住宅问题》以及其他的文本。最后一章是关于土地所有制的广泛的研究,把列斐伏尔长期对乡村问题的兴趣与对都市的关注这两个主题结合在一起②。

关于这本书与列斐伏尔思想整体的关系问题,埃尔登特别强调指出:我们反对把这本书以及列斐伏尔思想整体狭隘化为城市社会理论这种错误读法。列斐伏尔尤其善于把《资本论》的分析定位到《大纲》所设想的更广阔的框架之中。"但他并不试图把马克思看作一位都市社会学家或地理学家,而是一般地坚持把他作为一个整体,反对任何特殊化的阅读,即把马克思看作经济学家、哲学家、历史学家等等。"③

关于马克思与恩格斯在城市问题上的思想异同问题,是列斐伏尔这本小册子中一个非常重要的话题。对此,埃尔登注意到,列斐伏尔对马克思与恩格斯的关系也提出了一些富有启发性的评论,"强调了那些恩格斯所开发的、独立于马克思之外的主题,以及恩格斯在他们合作之前所做出的最原初的贡献"④。

关于《马克思主义思想与城市》一书的学术价值,埃尔登评价说,这本书不仅仅是一本经典文献导读著作。列斐伏尔并不是那种"述而不作"的普通学问家,而是善于"借题发挥"的思想大师。这本书的价值在于,列斐伏尔不仅挖掘了被历史淹没的马克思恩格斯著作中关于城市

---

① Henri Lefebvre, *Espace et politique*, pp. 81 - 97. 中译本参看列斐伏尔《空间与政治》,李春译,上海:上海人民出版社,2015 年,第 58—69 页。

② Henri Lefebvre, *Marxist Thought and the City*, pp. ix - x.

③ Henri Lefebvre, *Marxist Thought and the City*, p. x.

④ Henri Lefebvre, *Marxist Thought and the City*, p. x.

马克思主义思想与城市

历史、城市形式、城市发展的经典论述,更重要的是,他把马克思主义的城市思想与政治经济学批判联系起来,从而揭示出了马克思主义理论视野中当代资本主义城市化发展的新特点、新现象、新趋势及其空间生产的本质。本书的前几章重点在"述",而最后一章关于马克思的资本与地租理论中的城市问题解释则重点转向了"自作主张"。"这本书与列斐伏尔许多其他的研究联系在一起。比如,强调资本与地租之间的相互关系,强调土地作为'社会的物质支撑',这是一种唯物主义的分析,而不是经济还原论的分析。这可以追溯到他在 20 世纪 50 年代关于地租和乡村社会学的详细研究,它在很大程度上、但并非完全地被英语的译本所忽略了。"①"这里还讨论了乡村和都市背景下的剩余价值,根据生产、占有和分配的关系,这一主题也出现在《都市革命》和《论国家》中。他也着重强调了从乡村到都市的过渡。"②"列斐伏尔的《都市革命》更多地指向都市**的**革命而不是都市**中**的革命⋯⋯在那本书的开场白中他强调指出,我们在当下正在经历着'社会的完全都市化⋯⋯这是一个革命性的过程,因为它改变了整个地球的表面和社会'。如此一来,列斐伏尔便自然而然地把城市问题研究与今天我们称之为全球化的问题[他与他的同事称之为**世界化**(mondialisation),也就是成为世界的过程]联系起来,并提供了重要的深刻洞见。在《马克思主义思想与城市》这一文本的末尾,他开始把这里所考察的事情与后来的空间生产的研究联系在一起。正如他所强调的,资本主义及其幸存依赖生产关系的再生产以及空间生产在这一过程中所扮演的角色。'一般的都

---

① 参见 Henri Lefebvre, "Perspectives on Rural Sociology" in *Key Writings*, ed. Stuart Elden, Elizabeth Lebas, and Eleonore Kofman, London: Continuum, 2003, pp. 111 - 120; Henri Lefebvre, "The Theory of Ground Rent and Rural Sociology", trans. Matthew Dennis, *Antipode* 48:1 (2016); Stuart Elden, Adam David Morton, "Thinking Past Henri Lefebvre: Introducing 'The Theory of Ground Rent and Rural Sociology'", *Antipode* 48:1 (2016)。

② Henri Lefebvre, *Marxist Thought and the City*, p. xi.

市化是这种巨型扩张的一个方面。'"①

最后,在谈到《马克思主义思想与城市》一书的当代价值与意义时,埃尔登充满热情与期待地写道:在列斐伏尔这本书出版四十多年以后,关于都市与其他空间问题的分析得到了广泛的发展。列斐伏尔这本书与曼纽尔·卡斯特的《都市问题》在同一年出版,《都市问题》与一年后大卫·哈维的《社会正义与城市》这两本书在很大程度上促进了一种马克思主义地理学的诞生②。虽然许多著作产生于并且超越这一传统,且试图对这一传统进行考察,但在今天,任何人想要写出一部题为"马克思主义思想与城市"的著作,都要向这三位大师及其经典进行学习。英语世界学者对列斐伏尔城市理论的参考主要来自《城市权》《都市革命》以及《空间的生产》,正如人们所说,"在今天,任何人想要写出一部题为'马克思主义思想与城市'的著作,都要对列斐伏尔的先驱性工作进行讨论"③。

应当说,这个结论与评价已经把这本迟到的城市哲学经典著作译本的历史地位与当代价值提到了一个非常高的高度,似乎任何进一步的评价都是多余的,但我们还是想在下面对此书的复杂语境、深刻意

---

① Henri Lefebvre, *Marxist Thought and the City*, p. xi.

② Manuel Castells, *La question urbaine*, Paris: François Maspéro, translated by Alan Sheridan as *The Urban Question: A Marxist Approach*, London: Edward Arnold, 1977; David Harvey, *Social Justice and the City*, London: Edward Arnold, 1973.

③ Henri Lefebvre, *Marxist Thought and the City*, p. xii. 埃尔登还为我们列举了一个参考文献目录:"研究列斐伏尔的英语文献在过去十年大大地增加。关于他的都市著作的讨论,参见 *Writing on Cities* 以及 *Lefebvre, Love and Struggle: Spatial Dialectics* (Rob Shields, London: Routledge, 1999) 的导言; Stuart Elden, *Understanding Henri Lefebvre: Theory and the Possible*, London: Continuum, 2004; Andy Merrifieldm, *Henri Lefebvre: A Critical Introduction*, London: Routledge, 2006; 以及 Chris Butler, *Henri Lefebvre: Spatial Politics, Everyday Life and the Right to the City*, London: Routledge-Cavendish, 2014。关于他的著作的最好叙述是 Lukasz Stanek, *Henri Lefebvre on Space: Architecture, Urban Research, and the Production of Theory*, Minneapolis: University of Minnesota Press, 2011 (CF. Henri Lefebvre, *Marxist Thought and the City*, p.154)。"

义、内在逻辑,特别是提出的问题作一简要的介绍与评价,以期以此书的出版推动我国学界对经典马克思主义城市哲学思想的研究。

一、在社会历史现实中发现历史唯物主义道路的城市问题

历史唯物主义的发现有多重可能的路径:不仅有马克思式的通过德意志意识形态的自我批判而走向现实之路,而且有恩格斯式的通过工业社会现实批判而发现新的历史观的途径;不仅要从历史唯物主义的宏观视角揭示城市问题,而且要从城市问题的哲学解答中发现微观的历史唯物主义。列斐伏尔认为,恩格斯在 1845 年独立于马克思强调了工业化积累与城市化进程之间的关系等相关主题,并且为他们一同创立历史唯物主义作出了最初原创性贡献。在《英国工人阶级状况》中,这种贡献不是哲学思想的直接呈现,也不是德国思辨的共产主义假设,而是通过深入城市社会历史实际经验,通过对英国工业资本主义的产生、发展、壮大与城市工人阶级的诞生及其生存现状的考察,进而领先于马克思对资本主义社会生产机制及其矛盾后果进行的尖锐的批判。虽然在《德意志意识形态》中,马克思恩格斯把"城乡之间的矛盾关系的历史反思放在中心地位,这是历史唯物主义的基本成分和主要贡献"[1],但是在马克思思想中,现代城市的问题永远没有达到在恩格斯第一部著作中的重要性。以至于有人说,除了恩格斯的《英国工人阶级状况》之外,马克思主义没有追求将资本主义的发展、城市空间、劳动阶级的形成结合到一起的议程[2]。

英国工业社会的不断生成与巩固使得工业经济逐渐占据了主导地

---

[1]　Henri Lefebvre, *La pensée marxiste et la ville*, Paris: Casterman, 1972, p.13.

[2]　[美]艾拉·卡茨纳尔逊:《马克思主义与城市》,王爱松译,南京:江苏教育出版社,2013 年,第 138 页。

位,这是法国政治革命与德国哲学革命的社会实践,但还没有人系统地描述分析过英国的资本主义,恩格斯是第一个试图这样做的人。不仅如此,恩格斯赋予了都市现象非常重要的地位,他将城市空间和社会关系当作资本主义爆炸式增长与工人阶级意识到来之间的关键调节器。恩格斯详细考察了伦敦、诺丁汉的纺织城市、利物浦的港口、利兹和约克郡西区布拉福德纺织城以及曼彻斯特,开启了对工业城市的空间结构的分析。

恩格斯认为,资本主义存在着一种双重集中化趋势,即伴随着资本集中的人口集中。工厂附近形成一个村镇,人口不可避免地增加导致劳动力需求增加,村镇变成了小城市,小城市变成大城市,从而集中了所有的工业要素:工人、交通线路(运河、铁路和公路)、原始材料的运输、机器和技术、市场、交易所。大的工业城市因此取得了突飞猛进的发展。虽然农村地区的工资依然很低,而且城市与农村之间存在着竞争,但是好处都被城市夺走了。集中化倾向占据了主导,在农村中建立的每一种工业都包含着成为工业城市的萌芽①。集中化使得成千上万的人的力量和效率倍增。这种在英国资产阶级的经济和政治支撑下产生的惊人的社会财富,与之相对应的是对工人的牺牲。人类的原子化(atomisation)在这里发展到了顶点。因此,恩格斯马上引入了"孤立的群众"和原子化的主题,以及街道的总问题式。虽然恩格斯谙熟"异化"这样的哲学概念,但是异化的主题从来不是以抽象的(孤立的)形式出现的。他是在具体中去理解和把握异化,在生活中说明异化,在社会实践中把握异化。尤其是《大城市》这一章的观察和分析,对伦敦、都柏林、谢菲尔德、伯明翰和格拉斯哥等城市空间的两极分化进行了细致入微的现象学式的解剖。而自然力的利用、机器对手工劳动的排挤以及分工成为现代工业城市的主要技术特征,工业化的结果在曼彻斯特这

---

① Henri Lefebvre, *La pensée marxiste et la ville*, Paris: Casterman, 1972, p. 11.

种大城市一定会达到最完备的发展,工业无产阶级在这里一定会以最典型的形式出现。资本主义的秩序造成了都市的混乱:隔离(ségrégation)以及中心的解体(décomposition)[1]。它同时掩盖了剥削和剥削的后果。恩格斯出色地论证了秩序与混乱的这种奇怪的混合如何解释了都市空间,以及这种空间如何揭示了社会的本质。在都市的背景下,直接的剥削通过一系列精密的过程倍增为一种间接的剥削,并且从企业(作坊、工厂)延伸到日常生活的全部方面。工人的日常生活环境与条件非常糟糕,恩格斯从居住卫生条件、饮食、健康、教育、医疗等多个方面为我们呈现了英国工业城市工人阶级的贫穷、恶劣的生活状况。恩格斯的描述不是道德主义的说教,因为在他眼里工业大城市虽然不可避免地产生了酗酒、卖淫、犯罪和道德堕落,但不可以将其归咎于工业大城市本身。他认为,导致英国工人阶级悲惨状况的原因一方面是工人之间的竞争,另一方面是经济上和社会上的资本主义结构[2]。

也就是说,应该对英国工人阶级状况负责的,不是城市,而是资本主义生产方式。在后期的《论住宅问题》中,恩格斯重申了此观点:工人阶级被从城市中心驱赶到边缘地带,甚至因为缺乏住宅而住在拥挤的贫民窟中,其根本原因不是蒲鲁东与拉萨尔所说的财富分配不公或者法权问题,也不是无产阶级本身的道德素质问题,更不是巴枯宁及无政府主义者所谓的"国家罪过"。"由于资本主义生产方式的废除,才同时使得解决住宅问题成为可能。"[3]

恩格斯通过对英国工业城市现实现象的政治经济学批判式解剖,

---

① Henri Lefebvre, *La pensée marxiste et la ville*, Paris: Casterman, 1972, p.17.

② Henri Lefebvre, *La pensée marxiste et la ville*, Paris: Casterman, 1972, p.22.

③ 《马克思恩格斯文集》第3卷,北京:人民出版社,2009年,第283页。并参看[法]亨利·列斐伏尔:《恩格斯与乌托邦》,载《空间与政治》,李春译,上海:上海人民出版社,2015年,第59页。

得出了重要的结论:工业化促进了城市化的发展,人口的集中和生产资料的集中,为工人阶级的形成奠定了客观现实基础。恩格斯同时也指出城市成为资产阶级与工人阶级矛盾斗争的地理中心:

> 人口的集中对有产阶级起了鼓舞的和促进发展的作用,同时也以更快的速度促进了工人的发展。工人们开始感觉到自己是一个整体,是一个阶级;他们已经意识到,虽然他们分散时是软弱的,但联合在一起就是一种力量。这促进了他们和资产阶级的分离,促进了工人阶级的特有的、也是在他们的生活条件下所应该有的那些观点和思想的形成,他们意识到自己受压迫的地位,他们开始在社会上和政治上发生影响和作用。大城市是工人运动的发源地,在这里,工人首先开始考虑自己的状况并为改变这种状况而斗争;在这里,首先出现了无产阶级和资产阶级利益的对立;在这里,产生了工人团体、宪章运动和社会主义。[1]

由于资本集中与人口集聚,大城市中资本主义发展导致了无产者普遍贫困,为工人阶级革命意识从自在到自觉发展创造了必要条件。后来经典马克思主义发展中许多核心概念都首先来自恩格斯的出色分析。更为重要的是,恩格斯对城市问题的前瞻性处理,的确开辟了一条研究资本主义发展、阶级革命与城市空间的独特道路。虽然这条道路尚处处存在稚嫩、粗糙的经验描述的味道,特别是恩格斯并没有关注"城市厚重的纤维和更大的密度"[2],而是把城市问题简单地归结为资本主义生产方式的问题,但这一道路毕竟开启了从现实社会历史经验中研究城市问题的先河,且率先开辟了唯物主义历史观发现与形成的"近路"。

---

[1] 《马克思恩格斯文集》第 1 卷,北京:人民出版社,2009 年,第 435—436 页。

[2] Andy Merrifield, *Metromarxism: A Marxist Tale of the City*, Routledge, 2002, p. 48.

　　　　　　　　　　　　　　　　　　马克思主义思想与城市

二、在分工与交往的世界历史中发现历史唯物主义视野的城市问题

众所周知,《德意志意识形态》第一章首次对历史唯物主义原理作了系统阐述。而列斐伏尔认为:"与城市相关的问题以强有力的方式出现在历史唯物主义的表述之中……马克思所发表的许多论述只有在一种社会背景下才能获得其意义和视野:这种社会背景就是都市现实。然而马克思并没有提及它。虽然在某个决定性的方面,马克思曾在一两处把这一背景与概念的连贯性联系在一起,但都市现实依然是晦暗不明的。"①例如:"物质劳动和精神劳动最大的一次分工,就是城市和乡村的分离。城乡之间的对立是随着野蛮向文明的过渡……地域局限性向民族的过渡而开始的,它贯穿着文明的全部历史直至现在。"②基于此,列斐伏尔认为,马克思恩格斯所表述的历史唯物主义不是由哲学的普遍性构成,也不是建立在对黑格尔、费尔巴哈等哲学家的批判改造之上,而是要反对哲学,其最初的创立依赖于一段在当时甚至直到今天仍被忽略的历史,即城市的历史。总之,历史唯物主义"第一个真正坚定可靠的观点"是"关于城市的总体主张"③。

因此,马克思恩格斯通过以城市为背景的劳动分工与民族交往的世界历史发现了历史唯物主义,而城市与乡村的分离问题则成为整个社会经济史发展的中轴,它既是理解封建主义社会向资本主义社会转型过程的前提,又是这种转型的结果。"马克思是……以'城市和农村

---

① Henri Lefebvre, *La pensée marxiste et la ville*, Paris: Casterman, 1972, p.12, p.29.

② 《马克思恩格斯文集》第 1 卷,北京:人民出版社,2009 年,第 556 页。

③ Henri Lefebvre, *La pensée marxiste et la ville*, Paris: Casterman, 1972, p.36.

的分工'为分析基轴追溯说明世界史的个体即西欧'资本主义'特质的。"①在《德意志意识形态》中,他们开始基于欧洲经济发展史与分工的发展演变来讨论社会历史发展的一般形式。"一个民族的生产力发展的水平,最明显地表现于该民族分工的发展程度。"②分工起初只是发生在性行为方面,后来由于天赋、需要、偶然性等自发地形成自然分工。分工只是在物质劳动与精神劳动分离的时候才真正成为社会分工。某一民族内部的分工引起了农业劳动与工商业劳动的分离,从而也引起了"城乡的分离和城乡利益的对立"③。

马克思恩格斯在讨论分工的同时,对社会历史不同的所有制形式进行了客观分析,初步勾勒了人类社会发展的一般形式。分工的发展、劳动与交换之间的差异以及不同所有制形式之间存在着关联。他们认为:"分工的各个不同发展阶段,同时也就是所有制的各种不同形式。这就是说,分工的每一个阶段还决定个人在劳动材料、劳动工具和劳动产品方面的相互关系。"④

第一种形式是"部落所有制",第二种形式是"古代公社所有制和国家所有制",第三种形式是"封建的或等级的所有制"。古代的起点是城市,而中世纪的起点是乡村。在古代,政治城市组织、统治、保护、管理、开发着某片土地,其中包括土地之上的农民、村民和牧羊人等。在中世纪,这种城乡关系发生了颠倒,封建领主依赖乡村,他统治着一片不发达的领土。马克思说:"城市和乡村的分离还可以看做是资本和地产的分离,看做是资本不依赖于地产而存在和发展的开始,也就是仅仅以劳动和交换为基础的所有制的开始。"⑤如果说古代的城邦代表封闭的体系,那么新兴的工业化城镇则代表了一种与之相反的生产方式。封建

① [日]望月清司:《马克思历史理论的研究》,韩立新译,北京:北京师范大学出版社,2009 年,第 13 页。
② 《马克思恩格斯文集》第 1 卷,北京:人民出版社,2009 年,第 520 页。
③ 《马克思恩格斯文集》第 1 卷,北京:人民出版社,2009 年,第 520 页。
④ 《马克思恩格斯文集》第 1 卷,北京:人民出版社,2009 年,第 521 页。
⑤ 《马克思恩格斯文集》第 1 卷,北京:人民出版社,2009 年,第 557 页。

时代的等级关系和中世纪的城镇的共同规范,已经完全被以货币关系为基础的社会关系所取代。新兴的资本主义社会关系构成了封建主义社会关系的对立面,工业资产阶级与封建地主阶级的对立直接而生动地表现在城乡矛盾之中。随着中世纪城市及其同业公会的体系的解体和被取代,"城乡"之间的冲突关系产生了新事物,也几乎在同一时期内,资本主义和世界市场、民族和国家、资产阶级和无产阶级开始出现。

对马克思恩格斯而言,城市扮演着一个决定性的历史角色,孕育出一个走向大工业的历史过程。而大工业使竞争变得普遍,使所有资本转变为工业资本,促进了资本的流通和集中。"它首次开创了世界历史,因为它使每个文明国家以及这些国家中的每一个人的需要的满足都依赖于整个世界,因为它消灭了各国以往自然形成的闭关自守的状态。"①

最后,马克思恩格斯认为,随着城市商业活动与交往不断扩大,民族局限性愈益明显,随之地域性的个人生存逐渐发展成为世界历史性的活动,其前提是生产力的普遍发展与狭隘的民族分工的逐渐消灭,此时历史也就成为世界历史。"单个人随着自己的活动扩大为世界历史性的活动,越来越受到对他们来说是异己的力量的支配,受到日益扩大的、归根结底表现为世界市场的力量的支配",所以"每一个单个人的解放的程度是与历史完全转变为世界历史的程度一致的"②。

"世界历史与城市一同诞生,它来自城市并且发生在城市之中。"③列斐伏尔认为,马克思恩格斯所说的世界历史总体革命图景都是在都市背景下发生的,而都市背景本身是从过去"城市"内部限制和界限中解放出来的,进而组成新的社会共同体,后者从过去城市限制中解放出来,从而投身于"非劳动"。这种"非劳动"不仅是宗教、哲学、意识形态、

---

① 《马克思恩格斯文集》第 1 卷,北京:人民出版社,2009 年,第 566 页。

② 《马克思恩格斯文集》第 1 卷,北京:人民出版社,2009 年,第 541 页。

③ Henri Lefebvre, *La pensée marxiste et la ville*, Paris: Casterman, 1972, p.102.

国家、政治统治的终结,而且也是劳动与城市的终结。城市不是在乡村中终结,而是在乡村与城市共同体超越中终结。这就开启了创造性艺术活动,也开启了作为人类作品的都市创造。

三、突破前资本主义的普遍历史哲学思辨束缚的城市问题

《马克思主义思想与城市》一书对主体、总体、体系、结构、历史等思辨哲学概念均保持高度警惕,而更偏爱从生产方式、差异、重复、再生产、空间、日常生活角度来理解城市。众所周知,《〈政治经济学批判〉序言》唯一一次公开阐明了历史唯物主义核心观点:"大体说来,亚细亚的、古代的、封建的和现代资产阶级的生产方式可以看做是经济的社会形态演进的几个时代。"①也就是说,不同的社会生产方式决定了不同的社会经济形态,但是列斐伏尔认为,生产方式是一个具体、清晰、确定的理论概念,不是一个抽象实体的概念,如果脱离具体的社会形态来抽象地谈论生产方式概念,会导致一系列无法解决的思辨哲学难题,尤其是一种生产方式向另一种生产方式的过渡问题很容易让人一头雾水。列斐伏尔通过深入解读《1857—58 年经济学手稿》关于前资本主义社会诸形态的论述,还原了马克思以上著名论述的特殊内涵。在其中,前资本主义的城市问题成为列斐伏尔瓦解思辨历史哲学窠臼的最重要突破口。只有具体地考察亚细亚的、古代的、中世纪的和商业的几个不同阶段的城市起源、发展、衰落和更替的原因、过程和结果,才能更好地理解资本主义及其城市问题的起源、城市化的独特机制,才能通过城市不同历史时期的形式变化更好地理解资本主义的起源、持存和发展的秘密。

---

① 《马克思恩格斯全集》第 2 版第 31 卷,北京:人民出版社,1998 年,第 413 页。

古典古代的历史是城市的历史，不过这是以土地所有制和农业为基础的城市；亚细亚的历史是城市和乡村的一种无差别的统一；中世纪（日耳曼时代）是从乡村这个历史的舞台出发的，然后，它的进一步发展是在城市和乡村的对立中进行的；现代的［历史］是乡村城市化，而不像在古代那样，是城市乡村化。①

为了理解社会形态的历史转变，列斐伏尔主张要剔除古典哲学留下的有关"人类主体"的残余。在他那里，历史的主体、不再是集体性的主体、总体的主体或黑格尔式的国家，也不是马克思的生产方式、社会、阶级、无产阶级，而是城市。"对马克思来说，封建主义生产方式的解体及其向资本主义的转变，都附属于一个主体：城市。城市破坏了中世纪封建系统，并同时超越了自身：通过转变为资本主义的生产关系，进入另一种生产方式之中，即资本主义。以城市的视角来看，一切都变得清晰明朗了，并且在很长一段时间里都依然如此……城市是一个主体，一种凝聚力，是整个体系中的一部分，它在展示整个体系的同时也摧毁了它。"②城市和乡村的关系可以为我们理解封建主义向资本主义社会与生产方式的变迁提供一把钥匙。也就是说，封建城市既是封建主义解体的"原动力"，又是资本主义兴起的内在助推器。

列斐伏尔跟随马克思的观点与方法，重新图绘了城市与乡村关系变迁的历史辩证法，概括了三种城市的历史形式：第一种是亚细亚的东方城市，与原始的血缘的自然共同体高度融为一体，就是大农村。在这里，城市不像城市，还带着宗法、血缘关系的东西，共同体是凌驾于所有人之上的不可撼动的统治者。第二种是欧洲社会的古代城市形式，即

---

① 《马克思恩格斯全集》第 2 版第 30 卷，北京：人民出版社，1995 年，第 473—474 页。

② Henri Lefebvre, *La pensée marxiste et la ville*, Paris: Casterman, 1972, pp. 71 - 72.

古希腊罗马城市,它们具有二元性:一方面,在雅典和罗马,城市作为私人、家庭而存在,家庭的私有财产及其法律秩序,国家是无权干预的;但另一方面,私人通过各种法律条文结成共同体,这是先私后公的共同体,即个人以契约的方式成立了城市或城邦。总而言之,在欧洲古代城邦中,私有制属于城邦居民,公有制属于城邦,两种形式相互对立。列斐伏尔在日耳曼的部落共同体中发现了第三种城市形式。与古希腊的城邦、小国不一样,这里不再是以城市为中心,而是以农村为中心,最早是军事城市、政治城市,后来是商业城市,继而慢慢衰落了。在这里,有三种所有制的形式:一种是私有制(家庭的,一部分属于耕地),一种是集体所有制,它依赖于所有者的集会(比如祭祖、宗教活动),而不是依赖于乡村或城市本身,最后一种是公社所有制。公社所有制后来发展成为城市公社,即以城市为中心形成了独立的法律、管理秩序,这不同于原始社会的公社。在此,人人有一种形式上的平等,一旦有外来侵略就一致对外。威尼斯这个最早的资本主义城市就是在城市公社基础上慢慢发展起来的。

正是在城市行会或者商业城市中,列斐伏尔认为马克思看到了劳动者和工具之间的关系的解体将会产生资本主义。"资本主义来自都市行会的解体。"[①]资本主义的前提就是劳动者与土地等生产资料、生产工具的分离,作为单独的自由的劳动力商品的出现。在剥夺了公会工人的所有生产资料(生计、工具和物质资料)的时候,金钱、货币与暴力的运动共同促使交换价值为自己廓清了历史的道路。

资本主义起源于城市,城市起源于更为一般的交换价值、商品世界与货币。但前资本主义城市社会的发展是一个极其复杂的历史过程,它并不是同质化的、线性的、单一性的抽象普遍逻辑。"在原始的、直接的、自然的共同体中存在着大量的差异,语言、习俗、共同体成员之间的

---

① Henri Lefebvre, *La pensée marxiste et la ville*, Paris: Casterman, 1972, p.97.

关系、周围的自然也是如此。差异带来了解体，它也来自解体，这种解体就是原始共同体（部落的、家庭的）的解体，以及建立在废墟、古代城邦和中世纪城市之上的公社的解体，因此产生了不同的演化路线，有的走向停滞，有的走向衰亡，有的最终开创了'历史'并产生了现代社会。"①总之，马克思总结出了三个方向："这三个方向包含了血缘共同体的解体、占有（利用、然后交换）领土的共同体和公社的形式的出现，'城乡'关系的形成以及这一关系的转变。第一条路线使社会和城市走向停滞。第二条路线使城邦和社会急速地成长，走向辉煌，继而走向衰落。第三个方向在城市与乡村的关系中，使城市缓慢地成长，但它的未来不会受到明确的限制。"②所以"前资本主义"并非指时间上优先于"资本主义"，也不是指从"前资本主义"到"资本主义"的历史时间处于同质化的、持续性的同一条线上。只有"前资本主义"的城市社会进入一种普遍化抽象化的资本主义世界市场当中，我们才能够思考"前资本主义的诸种特殊形式"。因此，被理解为总体性的"生产方式"概念并非还原论的同质化的教条主义概念："生产力（生产资料）的概念和生产关系的概念的辩证法……它的界限应当确定，它不抹杀现实差别。"③随着作为政治经济权力中心的城市中货币经济与交换价值逐渐压倒了使用价值，城市和乡村的矛盾就不再是首要基本的矛盾，从而开始从属于资本主义生产关系的矛盾以及阶级矛盾。从此"前资本主义"的多样性的具体的生活世界的差异就逐渐被资本的抽象内化到自身当中，成为资本逻辑内在的差异性矛盾，它最终无法被完全克服而成为资本主义永远无法摆脱的危机。

历史唯物主义的精髓恰恰在于既从当下的资产阶级社会结构出发

① Henri Lefebvre, *La pensée marxiste et la ville*, Paris: Casterman, 1972, p.98.

② Henri Lefebvre, *La pensée marxiste et la ville*, Paris: Casterman, 1972, p.90.

③ 《马克思恩格斯全集》第 2 版第 30 卷，北京：人民出版社，1995 年，第 51 页。

逆向研究其前提的诸多可能性条件,同时也把现在当成历史发展的产物与结果。这就是不停地追问历史的前提和具体可能的多重条件,拷问历史所具有的不同的发展过程的可能性以及过去人们面对的多重选择为什么会转变为"当下的历史"的必要前提。我们不能把马克思这一历史研究方法置入传统的因果线性框架中去看待,从而把它当作线性的因果性方法。这一点马克思说得很清楚,这是研究方法与叙述方法之间的辩证关系:一旦现实的运动在观念上反映出来,"呈现在我们面前的就好像是一个先验的结构了"①。

四、在地租与资本的关系中破解城市问题

在列斐伏尔看来,与《1857—58年经济学手稿》突出前资本主义社会以城市为主体的差异性、多样性历史线索不同,《资本论》以资本主义一般生产逻辑为主体,在其各个环节中透视城市问题。第一,从剩余价值形成过程讲,城市是剩余价值生产的必要的历史前提和空间场所,是让资本家能够便利地购买到自由劳动力的聚集地,从而也是现代社会阶级矛盾得以集中体现的空间。第二,从剩余价值实现过程看,城市是其得以流通、交换的一个复杂的社会关系网络。"只有在剩余价值的实现中,城市才(从经济上讲)成为前景。"②因为剩余价值要实现,需要各种银行、金融代理机构,这就需要把它们集聚在一起,需要一个空间载体即不断扩张的市场。工业只是创造了工人阶级,而城市则创造出了把剩余人口、财富、生产与服务等一切事物汇聚于一处的社会。第三,从剩余价值分配过程看,包括资本家内部的经济分配层面,也包括资本主义国家甚至是全球的政治分配层面,由此衍生出城市的社会需要。

---

① 《马克思恩格斯文集》第5卷,北京:人民出版社,2009年,第22页。
② Henri Lefebvre, *La pensée marxiste et la ville*, Paris: Casterman, 1972, p.123.

　　　　　　　　　　　　　　　马克思主义思想与城市

资本家依靠剥削最终获得剩余价值,但他不可能独享其成,而必须惠及整个社会秩序的维护者、参与者、保护者。国家就是最终的管理者和分配者。国家从剩余价值中扣除一部分作为社会管理费用,包括直至 20 世纪后半叶才以清晰面目出现的"都市规划""集体设施""国土整治"等,这是任何阶级都无法垄断的公共管理费用。当然首先是资产阶级对剩余价值的占有与瓜分,包括工业资本家、银行资本家,还有一些坐收地租的城市地主或地产资本家。原来在乡下收地租的阶级已经消灭了,但替代人出现了,现在到城市中收场地费。资产阶级通过重建土地私有制,使不动产"动产化"、资本化、货币化而发财致富,这就是超额利润再分配的一个重要的环节与形态以及城市存在的理由。原来资产阶级称之为城市文明或马克思称之为资本主义生产方式的城市现象,其"原因与根据在于土地所有制、地产以及它赖以生存的地租"[1]。由此,马克思提出了著名的"三位一体公式",涉及工资、利润、地租之间的分配,即现代社会三大阶级之间的利益博弈。

列斐伏尔敏锐地发现,早在《1844 年经济学哲学手稿》中,马克思已经不自觉地在地租与资本的关系中研究城市问题:"资本和土地的差别,利润和地租的差别,这二者和工资的差别,工业和农业之间、私有的不动产和私有的动产之间的差别,仍然是历史的差别……"[2]"这是关键的一段,因为马克思此后的所有工作,包括《资本论》在内,都在论述这种历史状况以及它如何发生转变。"[3]在列斐伏尔看来,马克思的地租理论以及"三位一体公式"仍旧是我们理解土地价值问题以及城市地租问题的重要理论基础。"除了列斐伏尔,当代马克思主义者差不多都

---

① Henri Lefebvre, *La pensée marxiste et la ville*, Paris: Casterman, 1972, p. 135.

② 《马克思恩格斯全集》第 2 版第 3 卷,北京:人民出版社,2002 年,第 284 页。

③ Henri Lefebvre, *La pensée marxiste et la ville*, Paris: Casterman, 1972, p. 32.

忽略了有关资产阶级社会关系再生产的土地所有权的意义。"①列斐伏尔运用马克思的辩证法实现了"把空间当成一个总体来理解、把握",并且将马克思主义的一系列概念,例如地租、土地所有权、使用价值、剩余价值、交换价值、资本的有机构成、平均利润率和平均有机构成等概念置于城市空间思考的领域,激活更新了马克思的政治经济学批判,为我们破解 21 世纪的城市问题提供了新的政治经济学批判方法。将城市空间分析整合进马克思主义之中提高了、扩展了马克思主义分析与解决现代资本主义社会问题的有效性和可能性,有助于澄清和弥补马克思主义的一些中心问题,证明马克思主义仍然是理解和质疑现代性的一个至关重要的理论武器,同时当代社会的城市与空间问题也只有通过与马克思主义的联姻,通过马克思主义的分析方法而得到进一步的理解与推进。②

列斐伏尔的重要性在于突出了马克思《资本论》第四十八章《三位一体公式》(土地太太、资本先生与劳动者;地租—利润—工资)之中的"地租、地主和土地所有权"问题——这是被后来的马克思主义者长期忽视的。他通过重构马克思地租理论,而为马克思主义的城市哲学问题奠定了科学基础。

第一,地租理论最初是由詹姆斯·安德森、亚当·斯密、大卫·李嘉图提出和阐述的,不过马克思彻底改变了这种地租理论,首先提出了对土地生产力递减规律的批判,并且厘清了由李嘉图提出来的级差地租概念(包括级差地租Ⅰ和级差地租Ⅱ)③。级差地租Ⅰ来自土壤的自然差异、不平等的土壤肥力、不同的位置和市场流通渠道,前提是等量资本和劳动的投入在空间上同时并列的相等面积的各块不同土地上会有不同的生产率,从而得到不同的土地产品数量或者经济收益;级差地

---

① [美]马克·戈特迪纳:《城市空间的社会生产》,任晖译,南京:江苏凤凰教育出版社,2014 年,第 189 页。

② [美]艾拉·卡茨纳尔逊:《马克思主义与城市》,王爱松译,南京:江苏教育出版社,2013 年,前言,第 3 页。

③ 《马克思恩格斯全集》第 2 版第 46 卷,北京:人民出版社,2003 年,第 732—772 页。

租Ⅱ以级差地租Ⅰ为前提和基础,同时又是级差地租Ⅰ发展的新形式。级差地租Ⅰ以土地自然生产力不等为基础,与手工式的粗放经营相适应;而级差地租Ⅱ则是以技术生产力的差异为前提,在同一土地上连续追加资本投资(包括技术进步与集约管理经营)导致生产力和收益差异。比如,"地租(地租Ⅰ是由最接近城市市场的最好的地段产生的,地租Ⅱ即技术租金是由资本在农业生产上的投资产生的)持续地增长,资本家从中获益,而城市也得以成长"[1]。

第二,马克思不仅改造了级差地租理论,而且提出了绝对地租概念:它是由土地所有者获得,单纯由于土地私有权的垄断而直接产生的地租,即使这块土地一直是休耕的非生产性土地。不过在绝对地租的场合,它的剩余价值量不是无限的,归根到底要受到农产品价值的制约,其上限是超过剩余价值中的平均利润的这一超额利润的部分[2]。在这一范围以内,现实中的绝对地租量到底有多大,取决于当时的土地所有权同资本的对抗关系、农产品的需求动态以及耕地的情况和追加投资的变动。绝对地租本来是以把价值规律作为基础的资本的规律为前提的,所以只有通过使本身发生一定变化的这一规律在包括农业在内的一切生产部门得到贯彻,才能得到实现。

第三,现代土地所有权是一种制度上的转变,在从封建主义到资本主义的转变中,它处于资产阶级从封建贵族那里夺取霸权的核心。只有当这种空间转换完成的时候,我们才可以说资产阶级的生产关系在整个的社会形态中获胜了。作为资本主义先决条件的现代土地所有权的实质是一种商品,更是一种新型的资本主义社会生产关系,成为当代资本主义得以幸存的关键。马克思说过:"因此,毫无疑问,典型形式的雇佣劳动,即作为扩展到整个社会范围并取代土地而成为社会立足地的雇佣劳动,起初是由现代土地所有权创造出来的,就是说,是由作

---

① Henri Lefebvre, *La pensée marxiste et la ville*, Paris: Casterman, 1972, p.140.

② 《马克思恩格斯全集》第 2 版第 46 卷,北京:人民出版社,2003 年,第 864 页。

为资本本身创造出来的价值而存在的土地所有权创造出来的。因此，土地所有权反过来导致雇佣劳动。从一方面来看，这不外是雇佣劳动从城市传播到农村，即雇佣劳动扩展到社会的整个范围。"①所以，无论是从数量还是从质量上讲，土地所有制都深刻影响着现代都市社会：一方面，"在这种高度工业化的背景中，我们再次发现与农村地租相类似的'城市地租'：位置的租金（级差地租Ⅰ）以及设施的租金（级差地租Ⅱ）。还有就是绝对地租，每个所有者通过自己作为所有者这一事实而提出要求，这是投机活动的基础"。另一方面，"都市化延伸到乡村，却是以一种退化了的或正在退化的形式。不是城市吸收和重新吸收乡村，也不是超越了它们之间的对立，我们看到的是一种相互的退化：城市在郊区中爆发，乡村正在解体"②。

第四，当代城市问题只有放在空间生产理论视域中才能得到根本的解释。资本主义生产关系是通过城市空间生产而实现再生产的。随着工业化城市中建设用地的无限扩张，土地的价格以及围绕土地与空间生产的投机都使得地租理论的重要性越来越高。在快速城市化的21世纪到来之际，私有化和大规模的城市化运动成为吸收剩余价值、缓解资本主义危机的主要形式，所以地租理论的研究焦点就从农业地租转向了城市土地（空间）地租。在《都市革命》中，列斐伏尔指出现代的土地和城市建设，尤其是"房地产部门"代表了资本第二循环③。土地租金和空间的商业化发展、资本的投资和投机等，使得一直以来是次要部门的建筑与房地产业渐渐地融入资本主义内部。资本主义之外的部分逐渐被纳入资本主义之中的过程，以及与此同步的农业整体被结合进工业和资本主义的过程。④"由此，那引起曾经的'不动产'后来被

---

① 《马克思恩格斯全集》第 2 版第 30 卷，北京：人民出版社，1995 年，第 235 页。

② Henri Lefebvre, *La pensée marxiste et la ville*, Paris: Casterman, 1972, pp. 142-143.

③ ［法］亨利·列斐伏尔：《都市革命》，刘怀玉、张笑夷、郑劲超译，北京：首都师范大学出版社，2018 年，第 181—182 页。

④ Henri Lefebvre, *La pensée marxiste et la ville*, Paris: Casterman, 1972, p. 143.

动产化（建筑、金融投机）的倾向，便在资本主义中**处于中心地位**了。"[①]
"**土地流动**到正在迅速成为**中心**的部门……空间作为整体获得了物的、金钱的自主的现实。"[②]

概而言之，(1) 资本主义的空间生产扩张扩展了马克思的"三位一体"的构成部分，资本主义社会和生产方式将自身的要素分离为主要的三大阶级间的斗争，并且在一个更加统一的基础上超越了这种分离，这就是土地、资本与劳动的"三位一体公式"，这一公式的完全展开是在现代都市空间中完成的。(2) 这种空间是各种各样的特殊的矛盾爆发的场域。城市化飞速扩张，随着都市化以及城市对乡村的吸收，城市也越来越乡村化，城市空间表现为同质化、碎片化与等级化的矛盾特征，城市中心成为财富、信息、权力和暴力的中心，而边缘则是被隔离的社会关系、无产者以及贫民窟，新型的城乡对立导致新型的压迫。(3) 随着自动化的发展，资产阶级抓住资本积累的机会，将休闲空间工业化和商业化，用来提供剩余价值的剥削和实现，例如迪士尼乐园等。(4) 信息技术的发展和生产力的增长服务于自然空间与城市空间的控制，为生产剩余价值服务，也维持着资本主义生产方式、生产力和权力的再生产："资本主义不仅仅将空间纳入了自身的扩张，它还在自己的扩张中建立了一些新的部门。在欧洲和那些先进的工业大国，娱乐已经变成了一个最为重要的产业。为了娱乐，人们已经征服了大海、高山和沙漠。娱乐业和建筑业联系在一起，以便让边缘地区和山区的城市和都市化进程能够得到延续。"[③]

---

① ［法］亨利·列斐伏尔：《空间与政治》，李春译，上海：上海人民出版社，2015年，第78页。

② Henri Lefebvre, *La production de l'espace*, Paris: Anthropos, 2000, pp. 387–388.

③ ［法］亨利·列斐伏尔：《空间与政治》，李春译，上海：上海人民出版社，2015年，第106页。

五、在全球化空间生产视野中理解城市问题

马克思主义对城市的研究有两个突出的特点:一是把城市同特定的社会历史阶段相联系,二是从空间辩证法角度来理解城市①。《马克思主义思想与城市》既有城市历史性的视野,也有城市空间性的理解。随着生产力、特别是信息交通技术的加速发展,城市问题已经远非过去的那种狭隘地方性问题,而是成为一个全球化与世界历史性的问题。资本主义通过把自身扩展到整个空间中来维持自身。都市化就是这种巨型扩张的一个方面。一定程度上来说,自从马克思的时代以来,资本主义社会已经建立了全球化的市场,并且通过不断地空间化生产而再生产着这种霸权关系。在《共产党宣言》和《资本论》及其手稿中,马克思恩格斯就注意到了这个问题,例如:"不断扩大产品销路的需要,驱使资产阶级奔走于全球各地,它必须到处落户,到处开发,到处建立联系。资产阶级,由于开拓了世界市场,使一切国家的生产和消费都成为世界性的了……一句话,它按照自己的面貌为自己创造出一个世界。"②同时马克思又指出:"资本一方面要力求摧毁交往即交换的一切地方限制,征服整个地球作为它的市场;另一方面,它又力求用时间消灭空间……力求超越一切空间界限。"③由此我们可以看出,马克思已经预感到了资本主义突破空间与地理的障碍和界限,力求在全球空间中生产和再生产资本主义的生产方式,并且为资本积累开拓崭新的空间。所以,列斐伏尔认为,研究城市问题必须放到历史唯物主义社会空间基

① Andy Merrifield, *Metromarxism: A Marxist Tale of the City*, Routledge, 2002, p.177.

② 《马克思恩格斯文集》第2卷,北京:人民出版社,2009年,第35—36页。

③ 《马克思恩格斯全集》第2版第30卷,北京:人民出版社,1995年,第521—538页。

本矛盾理论之中:"在资本主义生产方式下,对所谓'都市'问题的分析……就不应该去发现或构建一种现代的'都市系统'或'都市权力',而是在总的过程中把握都市现象,在都市现象中揭示矛盾本身。"[1]实际上,城市问题的讨论如果离开全球化、区域国家一体化这两个维度,是无法得到正确理解的。资本主义形成了一个三位一体的尺度政治学,全球化、国家化与城市化形成一个多重尺度、灵活弹性的全球空间权力结构。

首先,全球化是一个全世界空间重构的过程,这一过程部分地是通过国家社会空间组织的重构而实现的。列斐伏尔使用更多的其实是"世界化"概念,这一概念来自马克思、海德格尔与阿克塞洛斯。"列斐伏尔的世界化概念必须在政治和经济的意义上来理解,对他而言,世界性的兴起与世界化的过程不是一个差异的裂缝,而是社会生活在所有的尺度上的等级化、差异化和碎片化的不断加强。"[2]

其次,资本的全球化与国家区域权力的重组被视为全球社会空间重建同一个动力的两个内在相关的过程。国家在空间之中生产社会关系,它能够覆盖整个民族国家的空间,并且生产一个支撑着自身的复杂的空间区域。因此,随着生产力的扩张以及经济的增长,再加上大规模的都市化的消费空间的形成并在空间中固定下来,出现了一种新的国家与空间的结合方式即国家生产方式。[3] 国家通过各种形式的基础设施投资、空间规划、工业政策、土地使用规划、城市和区域政策以及金融监管等措施提高资本利润率,促进资本主义的空间

---

[1] Henri Lefebvre, *La pensée marxiste et la ville*, Paris: Casterman, 1972, p. 147.

[2] Neil Brenner and Stuart Elden: "Introduction. State, Space, World: Lefebvre and the Survival of Capitalism", In Henri Lefebvre, *State, Space, World: Selected Essays*, N. Brenner & S. Elden (Eds.), Minneapolis: University of Minnesota Press, 2009, p. 25.

[3] Neil Brenner and Stuart Elden, "Henri Lefebvre on State, Space, Territory", *International Political Sociology* (2009) 3, p. 368.

生产力,创造新的空间构型。例如,国家与交通运输系统以及汽车工业的密切合作重新塑造了先前空间,包括国家投资建设的高速公路、铁路、机场以及各种停车场,再加上各种各样的酒店、车库、旅馆、加油站等等。

再次,都市化作为资本在地方安营扎寨的场域依托,构成了全球化的三个根本维度之一。"都市问题不再是市政问题,而变成了国家的与全球的问题。"[①]"城市不再是特征分明、边界清晰的地方;相反,它变成了一个没有显著特色、不受限制的星球环境。"[②]地方都市化建立在全球化力量与国家空间规划力量的中介位置,并且它与世界国家体系和跨国资本的地理学形成了三位一体的架构。于是,全球资本积累的社会地理学转移、国际体系以及都市化在所有的空间尺度上紧紧地交织在一起,形成一个错综复杂的网络[③]。在其中,(1) 资本流动前所未有地加速。不过在国家、地方城市层面的不平衡发展导致了中心—半边缘—边缘的结构。[④](2) 国家空间和地区空间之间的竞争、跨地区集团和多国企业之间的竞争不断加剧。(3) 不断增强的经济跨国化伴随着蔚为壮观的市场全球化,也产生了所谓的"世界城市"或者星球化城市。

① [法]亨利·列斐伏尔:《都市革命》,刘怀玉、张笑夷、郑劲超译,北京:首都师范大学出版社,2018 年,第 167 页。
② [美]尼尔·博任纳:《城市 地域 星球:批判城市理论》,李志刚、徐江、曹康等译,北京:商务印书馆,2019 年,第 14 页。
③ Brenner N., " Global, Fragmented, Hierarchical: Henri Lefebvre's Geographies of Globalization", *Public Culture*, 10 (1), 1997, p.139.
④ Henri Lefebvre, "Space and Mode of Production", In Henri Lefebvre, *State, Space, World: Selected Essays,* edited by N. Brenner and S. Elden, Minneapolis: University of Minnesota Press, 2009, pp.213 - 214.

六、在未来社会的科学与理想中展望城市问题

《马克思主义思想与城市》一书一个非常明显的缺憾漏洞是没有专门讨论马克思恩格斯《共产党宣言》(还有《哥达纲领批判》)中丰富的城市社会思想,尤其是人类未来的前景思想①。当然实际上,列斐伏尔在历史唯物主义的框架中研究城市哲学问题,不仅仅是从哲学理论上回答马克思主义对城市问题的看法,更重要的是瓦解传统理性主义以及新兴实证主义对城市生活的同质化生产与规划控制,重申人道主义的城市哲学理念,反对资本主义对城市日常生活的抽象统治,重建差异性的社会主义都市社会空间。甚至,他多次呼吁:我们要复活伟大的空想社会主义者的未来都市社会想象,在完全都市化的时代背景下更新我们对城市问题的理解。

在马克思恩格斯的城市问题域中,工业化才是资本主义的主要动力,城市化只是服务于工业化的次要的背景和场所。但是列斐伏尔认为,如果资本主义战胜封建主义意味着工业社会对农业社会的超越,那么在 20 世纪乃至今天,全世界范围内发生了新社会的结构转型,即从工业社会向都市社会的转变。此时城市的问题不再是城市与乡村之间的分离或者二元对立,毋宁说是全世界普遍城市化内部的区域发展不平衡问题。所以说,都市化不再是局部的现象,而成为全球性的世界现象,即未来的城市问题的关键不再是城市与乡村的二元对立,也不是城市完全消灭乡村,而是都市社会强大的构成性实践过程,将一切都吸纳进这个全球性的都市化当中。所以,"在最高的理论层次上,我们需要考察所谓的工业社会到都市社会的转型(或革命)。这种转变规定着总

---

① Andy Merrifield, *Metromarxism: A Marxist Tale of the City*, Routledge, 2002, pp. 21 - 24.

问题式,即真实的总问题式的特征".① 从古代的政治城市到中世纪晚期开始的商业城市,再到资本主义社会的工业城市,列斐伏尔以历史唯物主义的方法为我们重新勾勒了城市空间形式的历史连续性与非连续性的辩证图景。不仅如此,他还为我们描绘了他理想中的未来都市社会的实现趋势和辩证乌托邦远景。

"社会的完全都市化"(*l'urbanisation complété*)即其在《都市革命》中构想的都市革命的未来趋势和结果,它不是瞬间爆发的街头革命,而是一个漫长历史变迁与转移过程,这就是从农业社会到工业社会再到都市社会的历史发展过程。如果说城市是工业化的现代社会的特征,那么都市则是对工业化城市的"超克",是一种未来社会的具体抽象,是工业化的最终目标。城市不再代表着与乡村对立的分散的区域,而是成为反映整体社会的"构成性中心"。这一判断非常关键,列斐伏尔在《都市革命》中提出"内爆与外爆"(implosion-explosion)的辩证运动来解释所谓的都市现象:大量的人口、活动、财富、信息、商品、货物、工具、思想等向城市汇集,形成了都市现实的巨大内爆;然后爆炸的碎片又撒播出去,形成了多种多样的、非连续性的碎片化,例如边缘、郊区、度假村、卫星城等等。

列斐伏尔在包括《都市革命》《空间的生产》等多处地方反复吐露自己的心声:都市社会将重塑市民社会,并导致政治社会被吸收到市民社会之中,即马克思所说的国家的消亡。那时,过去工业化主导都市化进程将被颠倒过来,变成工业化服务于都市化,全球社会从属于都市社会,而都市社会的关键正是人本身的全面发展与自由栖居。从这个意义上说,它是一个未来的乌托邦的承诺,一个谋划和社会实践过程:是把不可能的事情带入可能性的领域。它导向差异的空间,一种差异的生活,这种生活的实现取代了生产力崇拜以及破坏自然的工业时代的

———————
① [法]亨利·列斐伏尔:《都市革命》,刘怀玉、张笑夷、郑劲超译,北京:首都师范大学出版社,2018年,第158页。

"现实原则的"工作,代之以"快乐和享乐"原则。① 这种批判是为了从统一的、同质化的空间时间走向瞬间的、"差异的构成性的"或者差异性的时空。这种未来都市社会不再是同质化的"同位空间"(isotopics),而是一种充满丰富性、差异性的"异位空间"(hétérotopie),后者与乌托邦或者抽象的虚构毫无共同之处,它是真实的都市社会实践过程,是在场与不在场的辩证运动,都市社会没有"这种酵母"就不会实现。

> 今天,我们必须接受和发展傅里叶、马克思、恩格斯的伟大的乌托邦理念,不是因为它们憧憬不可能性,而是因为在这个社会之中就内含着乌托邦的要素,不仅现在有,而且永远存在:不可能的可能性,创造不可能性的可能性,产生革命情势的终极矛盾。②

如果说马克思是通过辩证和历史唯物主义实现了对资本主义社会的内在逻辑及其矛盾、历史局限性的批判,并提出了用社会主义以及共产主义取而代之的无产阶级革命方案,那么列斐伏尔则通过"都市社会"的未来可能性的乌托邦规划为人类可能性的美好生活提供了都市的辩证想象。

总之,列斐伏尔通过强化与突出历史唯物主义视野中被遮蔽的城市总问题式而使历史唯物主义具有了与城市化时代发展相适应的研究方法与认识逻辑,相应地也使得城市问题研究具有了自觉可行的历史唯物主义哲学基础。可以说,他既有把城市问题在历史唯物主义视野中加以系统化"主题化"之功,也有把马克思主义理论主体"城市化"之过。

---

① [法]亨利·列斐伏尔:《都市革命》,刘怀玉、张笑夷、郑劲超译,北京:首都师范大学出版社,2018年,第34、95页。

② Henri Lefebvre, *La pensée marxiste et la ville*, Paris: Casterman, 1972, p.155.

本书根据 Henri Lefebvre，*La pensée marxiste et la ville*（Paris：Casterman，1972）一书译出，并参考了该书的英译本 Henri Lefebvre，*Marxist Thought and the City*，translated by Robert Bononno，foreword by Stuart Elden（Minneapolis，London：University of Minnesota Press，2016）。

目 录

告读者

亨利·列斐伏尔

　　在马克思和恩格斯的著作中,散布着许多关于城市(ville)和都市问题(les problèmes urbains)的指引①,但这两位科学社会主义的奠基人却没有把这些东西加以系统化,它们也没有形成一套体系,没有从属于某种方法论或专门的"学科":哲学、政治经济学、生态学或社会学。正如我们即将看到的,这些片段通常被纳入更大的主题之中:劳动分工、生产力和生产关系、历史唯物主义。这首先需要从总体上重新阅读马克思和恩格斯的著作,把这些分散的段落重新集合起来。这里的"重新阅读"(re-lecture)并没有什么特殊之处。这种阅读不能说是"字面"的,因为它的目标是汇集这些片段,突出这种理论思想在文本中的那些共同的概念和范畴。它也不是"症候式"(symptômale)的,它不需要我们在马克思和恩格斯的思想中发现什么隐藏的内容,不需要读者去发现什么秘密。它是一种主题式(thématique)的阅读或重新阅读。这里思考的主题是,在历史唯物主义理论框架下的城市以及随之而来的都

---

　　① 在本书中,urbaine一词是出现频率最高的核心概念之一,在汉语中通常译作"都市"或"都市的",以便与同其意思相近的"城市"(la ville)一词相区别。但考虑到汉语习惯,根据不同情况,我们会根据上下文意思分别将其译作"都市"或"城市"。——中译者注

市总问题式①(la problématique urbaine)。

但我们并不满足于此。如果这种文本的收集不能激起我们的追问或者指引我们作出回答，那么它就没有多大意义，只能被官方的教条主义和占统治地位的学院派所利用。这些指引和概念在广泛的意义上能否适用于都市现实(la réalité urbaine)的实际问题？在过去了一个世纪之后，这一领域又发生了什么新的变化？因此，这种主题式的阅读有着其他"选集"所不具备的意义和视野。

---

① 主要因阿尔都塞而影响甚远的 problématique 一词，在汉语中有多种译法，诸如"问题框架""总问题""提问""疑难""问题式"等。本书根据列斐伏尔的语境，通译作"总问题式"。——中译者注

第一章 英国工人阶级状况

让我们回到 1845 年。在一种新的现实中,它的元素和迹象——工业化、工人阶级、资本主义——正在不断增长。弗里德里希·恩格斯(1845 年他 24 岁)关注经济和社会问题已经有好几年了,对他而言,这些问题比他最先思考的哲学问题更为重要。在 1844 年的巴黎,他和马克思有过短暂的会面。恩格斯当时还没有与马克思合作创立“马克思主义”。毋宁说,他们正是从 1845 年开始走上了一条共同的道路,而恩格斯走在他的这位未来朋友的前面。

恩格斯为《英国工人阶级状况》[①]这部著作准备了很长时间。他从 1842 年开始发表了一系列重要的文章[②],讨论了英国及其向工业国家

---

① 引文根据 1960 年社会出版社(Éditions Sociales)出版的新译本,艾瑞克·霍布斯鲍姆(Eric Hobsbawm)作序。——原注。Friedrich Engels, *The Condition of the Working Class in England*, edited with an introduction and notes by David McLellan (Oxford: Oxford University Press, 2009).——英译者注。中译本参看《马克思恩格斯全集》第 2 卷,北京:人民出版社,1957 年,第 268—587 页。——中译者注

② Friedrich Engels, *Gazette rhénane*, décembre 1842, «Les Crise». Cf. Aussi «Esquisse d'une critique de l'économie politique», dans *Annales franco-allemandes*, 1844 et «La Situation de l'Angleterre», dans les *Annales* ainsi que dans le *Vorwärts*, septembre-octobre 1844.——原注。参看恩格斯的《英国对国内危机的看法》《国内危机》《各个政党的立场》《英国工人阶级状况》和《谷物法》这五篇 1842 年 12 月发表在《莱茵报》上的文章,中译本参看《马克思恩格斯全集》第 2 版第 3 卷,北京:人民出版社,2002 年,第 405—422 页;并参看恩格斯 1844 年发表在《德法年鉴》上的《国民经济学批判大纲》,中译本参看《马克思恩格斯全集》第 2 版第 3 卷,北京:人民出版社,2002 年,第 442—473 页;以及恩格斯 1844 年发表在《德法年鉴》上的《英国状况 评托马斯·卡莱尔的〈过去和现在〉1843 年伦敦版》、同年发表在《前进报》上的《英国状况 十八世纪》和《英国状况 英国宪法》这三篇文章,中译本参看《马克思恩格斯全集》第 2 版第 3 卷,北京:人民出版社,2002 年,第 495—547、558—585 页。——中译者注

的转型，以及这种发展所带来的悲剧性的（消极的）影响。他指出了英国相比于同时期的法国和德国的独特之处。在英国，一个新的社会以及它的特征正在不断形成和巩固，经济的主导地位是第一位并且是最重要的。而法国和德国正在进行着一场理论和政治的革命，这场双重的革命与英国的"工业革命"不可分割地联系在一起，英国革命"表现"了前者的思想和行动计划，但是在手段上与之区别开来，在这里，历史情境的演变使实践与理论、政治实践与社会（经济）实践产生了分离。

恩格斯在这本书**导言**的开头提出了一个非常引人注目的观点，并且他在后文中对此进行了展开和说明："英国工人阶级的历史是从上个世纪后半期，随着蒸汽机和棉花加工机的发明而开始的。大家知道，这些发明推动了工业革命……"①恩格斯大概在 1845 年写下了这段后来非常著名的话，它在这里第一次出现。他补充道，他不关注这场革命的历史、它在世界上的重要性以及它的未来，他在这部著作中只是暂时地讨论英国工人阶级的状况。工业机器的引入改变了纺织工人的生活方式，在城市周围的、比较偏僻的农村里，过着诚实而勤奋的生活的家庭遭到了破坏。这些身强体壮的人很少有人能读，能写的人就更少了，他们去教堂，"不问政治，不搞密谋，不动脑筋，热衷于体育活动，带着祖传的虔诚心情听人讲圣经……"②他们似乎过着人文气息十分浓厚的生活，而且在某种意义上确实如此。然而，他们难道不是贵族阶级的机器吗？工业革命把工人完全变成了机器，"剥夺了他们独立活动的最后一点残余"，但也促使他们"去争取人应有的地位"③。像法国的政治一样，英国的工业把这些阶级无情地卷入了历史的漩涡。

---

① Engels, *The Condition of the Working Class in England*, 15. ——英译者注。恩格斯：《英国工人阶级状况》，参看《马克思恩格斯文集》第 1 卷，北京：人民出版社，2009 年，第 388 页。——中译者注

② 恩格斯：《英国工人阶级状况》，参看《马克思恩格斯文集》第 1 卷，北京：人民出版社，2009 年，第 390 页。——中译者注

③ 恩格斯：《英国工人阶级状况》，参看《马克思恩格斯文集》第 1 卷，北京：人民出版社，2009 年，第 390 页。——中译者注

工业变革的原因是那些新的技术（首先是 18 世纪末的"珍妮纺纱机"和"走锭纺纱机"，然后是它们的改进版本，当然还有蒸汽机）。大英帝国的工业和商业城市随之诞生。恩格斯把这场变革的起源归结为**技术上的**①（technologiques）原因。

恩格斯在《英国工人阶级状况》一书中第一次描述、分析和呈现了资本主义在一个大国中的情况。令人惊讶的是，他赋予了都市现象（phénomènes urbains）非常重要的地位。这些现象不仅在一些章节（包括篇幅很长的第二章②）中得到了清晰的讨论，而且从此书的开头就开始出现了③。恩格斯指出，在资本主义中，存在着一种双重集中化的倾向，即人口的集中伴随着资本的集中（第一章《工业无产阶级》）。一个中等规模的工厂附近形成一个村镇，人口的增长不可避免地导致其他工厂主来到这个地方利用这里的劳动力。村镇变成了小城市，小城市变成大城市。"城市越大，定居到这里就越有利"④，这里集中了所有的工业元素：工人、交通线路（运河、铁路和公路）、原始材料的运输、机器和技术、市场、交易所。大的工业城市因此取得了突飞猛进的发展。虽然农村地区的工资依然很低，而且城市与农村之间存在着竞争，但是好处都被城市夺走了。集中化倾向占据了主导，在农村中建立的每一种工业都包含着成为工业城市的萌芽。存在着这样的可能性，如果这种"狂热的运动"持续上百年的话，英国的每一个工业区都是一个单独的城市！"因为这些大城市的工业和商业发展得最充分，所以这种发展对无产阶级造成的后果在这里也表现得最明显。在这里，财产的集中达

---

① 法文版中多有斜体字，中译本悉从中文习惯改为黑体表示，以示重点，下同。——中译者注

② 即《大城市》一章，载《马克思恩格斯全集》第 2 卷，北京：人民出版社，1957 年，第 303—358 页。——中译者注

③ 由此处列斐伏尔进入对《英国工人阶级状况》一书第一章《工业无产阶级》的研究。——中译者注

④ 恩格斯：《英国工人阶级状况》，参看《马克思恩格斯文集》第 1 卷，北京：人民出版社，2009 年，第 406 页。——中译者注

到极点;在这里,美好的旧时代的习俗和关系最彻底地被摧毁……"①

我们这里需要停下来,思考一下这些早期的文本及其语境。1845年是理论界发生激烈动荡的一年。当年二月,《神圣家族》在法兰克福问世,马克思和恩格斯反驳了抽象和历史唯心主义的拥护者,在那些哲学家看来,虽然"人类"创造了社会存在,但人类大众只是这一过程的被动的观察者。1845年1月,马克思被驱逐出巴黎而来到了布鲁塞尔。4月,恩格斯与他会合。在夏天,他们一起去英国旅行,恩格斯向马克思展示了他在书中所描述的和分析的情况,这本书当时也在莱比锡出版了。当年年末,他们开始写作《德意志意识形态》,集合之前的研究,总结他们对各种"意识形态"的批判(哲学、政治经济学、历史唯心主义),并提出一种新概念,即人类通过劳动创造自身的历史唯物主义。正如我们在后文中论证的那样,与城市相关的问题以强有力的方式出现在历史唯物主义的表达之中。《德意志意识形态》的开头写道:"可以根据意识、宗教或随便别的什么来区别人和动物。一当人开始**生产**自己的生活资料,人本身就开始把自己和动物区别开来……"②这段话成为一段名言(虽然还是哲学的表达,但超越和抛弃了传统哲学),在此之后,他们马上讨论了城市问题。这种思考主要是回顾性的,它与马克思后来的方法相对应,即从现实出发来解释过去。从这里开始,他们主要讨论的是古代和中世纪的城乡关系。我们可以看到,把这种矛盾关系的历史反思放在中心地位,这是历史唯物主义的基本成分和主要贡献。但是在马克思的思想中,现代城市的问题永远没有达到在恩格斯第一部著作中的重要性。马克思主义思想有着许多条进路,它为什么变成了唯一的道路,使人们被迫行走在相同的路线之上,采取相同的引用和

---

① 恩格斯:《英国工人阶级状况》,参看《马克思恩格斯文集》第 1 卷,北京:人民出版社,2009 年,第 407 页。——中译者注

② Karl Marx and Friedrich Engels, *The German Ideology* (New York: Prometheus Books, 1998), 37.——英译者注。马克思、恩格斯:《德意志意识形态》,参看《马克思恩格斯文集》第 1 卷,北京:人民出版社,2009 年,第 519 页。——中译者注

马克思主义思想与城市

参照,必须听从这样或那样的权威呢？证明恩格斯为马克思主义思想的形成作出了他的贡献,指出他并非第二小提琴手而是一位原创思想家(甚至在"马克思主义思想"破晓时分居于显赫地位)而为他的名声辩护,这样的做法并不会使这种思想变得贫困。相反,它与教条主义和学院派的贫困作斗争。

在题为《大城市》的这一部分中①,恩格斯发现了一种十分可怕的都市现实。然而,他从来没有认为这是简单的混乱,更不用说是恶或者"社会"疾病,直到我们今天的文学作品和科学研究也依然如此。恩格斯把伦敦、曼彻斯特和其他英国城市看作一种结果,可以通过原因和理由去认识和去掌握(首先通过认识,而后通过革命的行动)。资产阶级占有了资本,即生产方式。资产阶级使用资本,决定了生产性使用的条件。恩格斯不偏不倚地对比了权势阶层和都市现实、富人和穷人、荣华和丑陋(丑陋和穷人由于其相似性,因此具有了浓厚和悲剧的色彩)。他激情洋溢地写道:"从海面向伦敦桥溯流而上时看到的泰晤士河的景色,是再动人不过的了……这一切是这样雄伟,这样壮丽,简直令人陶醉,使人还在踏上英国的土地以前就不能不对英国的伟大感到惊奇。"②集中化使得成千上万的人的力量和效率倍增。这种在英国资产阶级的经济和政治支撑下产生的惊人的社会财富,与之相对应的是牺牲。伦敦人"为了创造充满他们的城市的一切文明奇迹,不得不牺牲他们的人类本性的优良品质"③。潜伏在他们身上的力量被压制着,为的是"这些力量中的一小部分获得充分的发展",并能够和别人的力量相结合而加倍扩大起来。"在这种街头的拥挤中已经包含着某种丑恶的违反人性的东西。"这些群集在街头的人们代表着各个等级和各个阶级,他们难道

---

① 由此处开始列斐伏尔进入对《英国工人阶级状况》一书第二章《大城市》的研究。——中译者注

② 恩格斯:《英国工人阶级状况》,参看《马克思恩格斯全集》第 2 卷,北京:人民出版社,1957 年,第 303 页。——中译者注

③ 恩格斯:《英国工人阶级状况》,参看《马克思恩格斯全集》第 2 卷,北京:人民出版社,1957 年,第 303 页。——中译者注

不都是具有同样的能力,同样渴求幸福的人吗？"难道他们不应当通过同样的方法和途径去寻求自己的幸福吗？可是他们彼此从身旁匆匆地走过,好像他们之间没有任何共同的地方……"①这种可怕的冷淡、不近人情的孤僻和目光短浅的利己主义,这些特点在任何一个地方也不像在这里表现得这样无耻。人类的原子化(atomisation)在这里发展到了顶点。

因此,恩格斯马上引入了"孤立的群众"和原子化的主题,以及街道的总问题式。于他而言,异化的主题从来不是以抽象的(孤立的)形式出现的;他是从具体中去理解和把握异化。

在恩格斯的文本中,如果说它的直接性妨碍了它的科学性的话,那只是对那些崇拜科学、不能忍受在知识中有任何"实际经验"的人而言才是如此,而"异化"一词并没有出现在其中。他的哲学概念并没有出场,但他的哲学方面的研究证明他确实对此非常熟悉。他是在生活中说明异化,在社会实践中把握异化的。

恩格斯隐晦地把劳动和异化联系在一起,但并不明确。作为经济学家的恩格斯似乎从生涯的一开始就懂得,生产性劳动毫无疑问是不能自给自足的。它孕育着一个社会。当然,生产关系在社会上留下了它的印记,它的统治以及统治阶级的权力。它所孕育的社会不是外在的。伦敦既是商业城市和世界市场,因而也是全面的交通枢纽。这是一种让弱者和富人屈服的力量,它产生了贫困,也同样产生了文明和奇迹。恩格斯从来没有把孩子和洗澡水一起倒掉。

恩格斯的精神自由更多地体现在,他深入微不足道但富有内涵的细节,深入这种惊人的权力和财富积累的结果之中,对工人而言这就是现代大城市。受到冲击的不仅仅是作为一个阶层的工人阶级,而是包括统治阶级在内的整个社会,后者控制着生产方式和劳动力的使用,并

---

① 恩格斯:《英国工人阶级状况》,参看《马克思恩格斯全集》第 2 卷,北京:人民出版社,1957 年,第 304 页。——中译者注

因此享用着生产的财富。这里出现了某种报应。"社会战争，一切人反对一切人的战争已经在这里公开宣告开始。"每一个人都把别人仅仅看成可以利用的东西；每一个人都在剥削别人，一小撮强者（即资本家）握有**一切**①。这场全面的战争中的武器是资本，即生活资料和生产方式的直接或间接的占有。那些没有资本或金钱的人是没有人关心的。如果他找不到工作，那么他只能去做贼，或者饿死。"而警察所关心的只是他悄悄地死去，不要打扰了资产阶级。"因此，这种泾渭分明、自由自在和听天由命的都市空间，是一种压抑的空间：一种"社会犯罪"的空间，而英国工人认为整个社会在不断地犯这种罪②。

恩格斯在描述了伦敦贫民窟的惨况（他的朋友马克思后来也对此进行了探讨）之后，继续考察了三个联合王国中的其他城市。以都柏林为例，"这个城市对我而言是那样地柔媚，正如同伦敦是那样地雄伟一样"③。恩格斯写道，这座美丽如画的城市，它的穷人区却可以归入最丑恶的穷人区之列。虽然爱尔兰的民族性格可能在其中起了一定的作用，但都柏林的贫穷并没有什么特别之处，它与世界上的一切大城市一样。在爱丁堡也是如此，"这个城市由于它的位置优越，不愧有现代雅典之称，但是在这里，新市区里的贵族区的富丽堂皇和住在旧城的穷人们的肮脏贫穷也成了一个惊人的对比"④。在利物浦，尽管它交通发达、繁华富足，但工人们还是生活在同样的野蛮条件下⑤。谢菲尔德、伯明翰和格拉斯哥等城市的情况也是如此。

---

① 恩格斯：《英国工人阶级状况》，参看《马克思恩格斯全集》第 2 卷，北京：人民出版社，1957 年，第 304 页。——中译者注

② 恩格斯：《英国工人阶级状况》，参看《马克思恩格斯全集》第 2 卷，北京：人民出版社，1957 年，第 305 页。——中译者注

③ 恩格斯：《英国工人阶级状况》，参看《马克思恩格斯全集》第 2 卷，北京：人民出版社，1957 年，第 313 页。译文略有改动。——中译者注

④ 恩格斯：《英国工人阶级状况》，参看《马克思恩格斯全集》第 2 卷，北京：人民出版社，1957 年，第 314—315 页。——中译者注

⑤ 恩格斯：《英国工人阶级状况》，参看《马克思恩格斯全集》第 2 卷，北京：人民出版社，1957 年，第 316—317 页。——中译者注

恩格斯出于各种各样的理论原因和个人原因,在曼彻斯特及其特殊的情形上花费了更长的时间。曼彻斯特是大英帝国工业发源地和中心,曼彻斯特交易所是这个国家的经济晴雨表。现代技术在郎卡郡的棉纺织业中达到了完善:自然力的利用,机器对手工劳动的排挤,以及分工。"如果我们认为这三个要素是现代工业的特征,那么我们必须承认棉花加工业在这方面从开始到现在一直是走在其余一切工业部门的前面的。"①因此工业化的结果在这里一定会达到最完备的发展,工业无产阶级在这里一定会以最典型的形式出现。恩格斯表示:"因为曼彻斯特是现代工业城市的典型,也因为我对它的了解就像对自己的故乡一样,并且比该城的大多数居民还了解得更清楚,所以这个城市我们要多谈一些。"②

在这里,旧的都市中心得到明显的扩张。城市的郊区得到了发展,它们甚至比原来的中心更加工业化;商业的管理经营还留在曼彻斯特,而工人、小工厂主和小商人则住在郊区。因此形成的工人居住区很快达到了 10 万人口。这里还有工厂、花园和别墅,其建筑式样大部分是伊丽莎白式,这种式样和哥德式的关系正像英国国教和罗马天主教的关系一样③。资本主义的秩序造成了都市的混乱。

值得注意的是,恩格斯并没有分析欧洲大陆上的那些富有历史的城市,比如意大利、佛兰德斯(Flandres)④、法国和德国的城市。这些城市在工业资本主义之前就已经成为政治的(行政的和军事的)城市,或者与商业资本联系在一起;它们遭受了来自外部的工业和资本主义的

---

① 恩格斯:《英国工人阶级状况》,参看《马克思恩格斯全集》第 2 卷,北京:人民出版社,1957 年,第 322 页。——中译者注
② 恩格斯:《英国工人阶级状况》,参看《马克思恩格斯全集》第 2 卷,北京:人民出版社,1957 年,第 323 页。——中译者注
③ 恩格斯:《英国工人阶级状况》,参看《马克思恩格斯全集》第 2 卷,北京:人民出版社,1957 年,第 325 页。——中译者注
④ 佛兰德斯是西欧的一个历史地名,泛指古代尼德兰南部地区,位于西欧低地西南部、北海沿岸,包括今比利时的东佛兰德省和西佛兰德省、法国的加来海峡省和北方省、荷兰的泽兰省等地。——中译者注

冲击,而且往往对它们不利。而曼彻斯特的情况则完全不同,它面对的是英国这个更大的环境,而且它在世界市场上占据着得天独厚的地位(在 19 世纪)。商业和工业在城市内外同时得到了发展。恩格斯所发现的那些特征有着一种普遍的适用意义:隔离(ségrégation),以及中心的解体(décomposition)。

这种隔离可能是自发的,也可能是"无意识的",但仍然是泾渭分明的。它同时标志了具体的城市(la ville concrète)和城市的形象(l'image de la ville),"这个城市建筑得如此特别,人们可以在这里住上多少年,天天上街,可是……一次也不会走进工人区,甚至连工人都接触不到……"①在帝国式民主下的英国资产阶级完成了它的杰作:对那些让人不快的悲惨情境置若罔闻。它同时掩盖了剥削和剥削的后果。"由于无意识的默契,也由于完全明确的有意识的打算,工人区和资产阶级所占的区域是极严格地分开的。"与此同时,曼彻斯特的中心有一处大的商业区,夜里寂静无声,"只有值勤的警察提着遮眼灯在狭窄而黑暗的街道上巡逻"②。

这难道不能说明,在 20 世纪下半叶的今天,十多年来的都市研究(经济学的、社会学的、历史学的、人类学的,等等)充分证明了恩格斯的看法吗?(如果我们不习惯于把"看法"和科学的"理论"区别开来的话,那么我们这里使用"看法"一词。)当然,事情已经时过境迁了。大英帝国已经落幕了。其他演员也已经登上了无限扩大的世界市场的舞台,它们的工业也或多或少地与民主联系在一起。(工业化和都市化的)世界进程仍然是那么地普遍化,正如恩格斯通过一个样本或典型的现实所观察和设想的那样:曼彻斯特——区域隔离与分崩离析。

恩格斯出色地论证了秩序与混乱的这种奇怪混合如何解释了都市

---

① 恩格斯:《英国工人阶级状况》,参看《马克思恩格斯全集》第 2 卷,北京:人民出版社,1957 年,第 326 页。——中译者注

② 恩格斯:《英国工人阶级状况》,参看《马克思恩格斯全集》第 2 卷,北京:人民出版社,1957 年,第 326 页。——中译者注

空间,以及这种空间如何揭示了社会的本质。恩格斯提供了详细的描述,从交易所开始的每街每巷到每个街区。"这样,了解了曼彻斯特,就可以从几条大街**推出**与它们毗连的地区的情况,但是很少能由此看出工人区的**真正面貌**"(恩格斯这里加了着重号①)。总之,在工业时代之前,社会掩盖着它不光彩的部分,掩盖着它的毛病和罪恶:疯狂、淫秽、疾病;社会把这些事物抛弃在诅咒之地。相反,资本主义社会掩盖着它的生存之本,它具有活力和生产力的部分。这种虚伪的设计在所有大城市中或多或少都是共同的,"但是我毕竟还没有看到过一个地方,像曼彻斯特这样有系统地把工人阶级排斥在大街以外,这样费尽心机把一切可能刺激资产阶级的眼睛和神经的东西掩盖起来"。这是一个经过深思熟虑的计划吗? 确切地说,曼彻斯特并不是根据某个精密的计划建造出来的。"相比于其他任何一个城市,曼彻斯特的设计更像是偶然堆积起来的。"然而,当恩格斯考虑到中产阶级那种热心的保证,说什么工人阶级生活得很好的时候,他觉得这些"自由派厂主"对这种可耻的建筑体系并非完全没有责任。②

　　在恩格斯看来,一种由资产阶级管理的、从属于工业生产的(在马克思后来明确表述的资本主义生产关系背景下的)特殊的秩序,孕育了一种特殊的混乱,即都市的混乱。是否存在着这样的可能,即到了某个时刻,这种秩序再也不能控制和容纳它所造成的那些混乱? 恩格斯带着同样的疑问,他在仔细研究一幅曼彻斯特及其郊区的平面图时(甚至从平面图上描下一小块)③暗示了这一点。他也与此相应地提出了**都市规划**(urbanisme)的概念。"像这样违反合理的建筑术的一切规则而把房子乱七八糟地堆在一起,弄得一所贴着一所地挤作一堆,实在是不

---

① 恩格斯:《英国工人阶级状况》,参看《马克思恩格斯全集》第2卷,北京:人民出版社,1957年,第328页。——中译者注
　　② 恩格斯:《英国工人阶级状况》,参看《马克思恩格斯全集》第2卷,北京:人民出版社,1957年,第328页。——中译者注
　　③ 恩格斯:《英国工人阶级状况》,参看《马克思恩格斯全集》第2卷,北京:人民出版社,1957年,第328页。——中译者注

能想象的。"①这种杂乱无章达到了顶点,只要那里的都市规划比较古老因而还保留下那么一点点空隙,人们就在这里补盖起房子,把这个空隙填起来,"直到房子和房子之间连一小块可以再建筑一些东西的空地也没有……"②这种堆积产生了空气、水和整个空间的污染。

"一切最使我们厌恶和愤怒的东西在这里都是最近的产物,**工业时代**的产物。"③旧曼彻斯特已经被原来的住户遗弃了,只是工业才把大批的工人赶到里面去;只是工业才在这些老房子之间的每一小片空地上盖起房子,来安置它从农业区和爱尔兰吸引来的大批的人。"只是工业才使这些牲畜栏的主人把它们当作住宅以高价租给人们。"只是工业才把摆脱掉农奴制的劳动者当作物品,把他赶到危墙之下,而且让他不得不去挣取昂贵的租金。每一小块空间都被利用起来。"地价随着工业的发展而上涨,而地价愈是涨得高,就愈是疯狂地在每一小块土地上乱盖起房子来。"④这是旧城的情况,恩格斯继续考察了曼彻斯特最近的扩张。"在这里,城市的一切特征都消失了。"⑤参差不齐的房屋像一座座孤岛一样聚集在一起,我们可以进入迷宫式的小巷、死巷、后巷和大杂院之中。而旧城由于正在解体,房子的排列大半是纯粹出于偶然,每一所房子在建筑时都没有考虑到其余的房子,有时候好像会出现某种秩序。恩格斯认为,这种秩序不是出现在都市中心的周围,而是出现在**大杂院**(cours)的周围,它的周围分布着街道、隐蔽的过道和出口。有些自由党人把这些大杂院看作都市建筑的杰作,声称它们像许多露

① 恩格斯:《英国工人阶级状况》,参看《马克思恩格斯全集》第 2 卷,北京:人民出版社,1957 年,第 329 页。——中译者注

② 恩格斯:《英国工人阶级状况》,参看《马克思恩格斯全集》第 2 卷,北京:人民出版社,1957 年,第 329 页。——中译者注

③ 恩格斯:《英国工人阶级状况》,参看《马克思恩格斯全集》第 2 卷,北京:人民出版社,1957 年,第 335 页。——中译者注

④ 恩格斯:《英国工人阶级状况》,参看《马克思恩格斯全集》第 2 卷,北京:人民出版社,1957 年,第 336 页。——中译者注

⑤ 恩格斯:《英国工人阶级状况》,参看《马克思恩格斯全集》第 2 卷,北京:人民出版社,1957 年,第 336 页。——中译者注

天的小方场一样,可以改善通风和光照(参见恩格斯的注释)①。事实上,这些大杂院成为垃圾场和杂物堆积地,因为街道的管理条例在这里并不适用。当业主们在内街和大杂院周围建造起工人小宅子的时候,只有极小一部分小宅子具有充足的通风条件(附有一幅工人区街道的地图)②。他们利用这些位置较好的小宅子来剥夺工资较高的工人。业主和物主们很少或者根本不加以修缮。他们不愿意减少自己的利润。由于劳动力(危机)的不稳定性,往往整条街道都无人居住。这种建筑充满着吝啬之风。房屋时常空置,租客时常变动,这种工人住宅不能使用超过40年,这就是它原来设计的期限。在近年,这些房子已经到了"不可居住"的阶段③。这都印证了投资资本的疯狂的浪费:对人和资源的破坏!

恩格斯发现了都市的(城市的和住宅的)秩序和混乱,并认为它们具有**重要的意义**。它们揭露了整个社会。"如何满足住屋的需要,是可以当作一个尺度来衡量工人其余的一切需要是如何满足的。"④因此它比其他东西意味着更多:它是一种特殊的见证。如果我们仔细观察工人的饮食和穿着,我们会发现同样的特征:工人的居住决定了穿着和饮食。"在英国的大城市里,各种最好的东西都可以买到,但是价钱很高。"某些微不足道的细节也使工人阶级的状况进一步恶化。工人在星期六晚上才领到工资,当他们到达市场的时候,更好更便宜的东西都被富裕的阶层挑走了。在都市的背景下,直接的剥削通过一系列精密的过程倍增为一种间接的剥削,并且从企业(作坊、工厂)延伸到日常生活

---

① 恩格斯:《英国工人阶级状况》,参看《马克思恩格斯全集》第2卷,北京:人民出版社,1957年,第337页。——中译者注

② 恩格斯:《英国工人阶级状况》,参看《马克思恩格斯全集》第2卷,北京:人民出版社,1957年,第338页。——中译者注

③ 恩格斯:《英国工人阶级状况》,参看《马克思恩格斯全集》第2卷,北京:人民出版社,1957年,第340页。——中译者注

④ 恩格斯:《英国工人阶级状况》,参看《马克思恩格斯全集》第2卷,北京:人民出版社,1957年,第348—349页。——中译者注

的全部方面。

恩格斯在花费了大量的篇幅之后,在这一章的结尾概括了他自己的思想;毋宁说,他自认为作出了概括,但这种概括却以一种令人惊奇和瞩目的方式重新活跃起来。恩格斯表示,大城市的居民大多数都是工人(这个说法在当今会引起许多异议),他们一无所有,日复一日地全靠工资过活;社会根本不关心他们,让他们自己去养家活口,但是又不给他们提供长期有效的维持正常生活的手段①。这造成了工人状况的不稳定性,大城市里的工人阶级"通过不同的生存方式表现为一种幅度",最好的情况是生活暂时还过得去,尽管要从事紧张的工作和过着无止境的贫困生活,最差的情况是饿死。恩格斯认为,工人一般来说是更接近于最坏的情况,而不是接近于更好的情况。但这不是固定的划分。每一个工人都有可能经历整个梯度,经历从相对的舒适到贫困的变化,这就是工人阶级的状况。一般来说,工人住宅都规划得不好,建筑得不好,保养得不好,通风也不好,潮湿而且对健康有害。"住户住得拥挤不堪。"②在大多数场合下是一间屋子至少住一整家人。室内的布置少得可怜,最穷的连最必需的家具都没有。

恩格斯强调,导致这种状况的原因③一方面是工人之间的**竞争**(个人、年龄、群体,因为一大批爱尔兰人愿意接受最差的条件),另一方面是经济上和社会上的**资本主义结构**。资本主义需要保留一部分的失业工人,除非是在繁荣时期和经济飞速发展的时期。这种"失业缓冲"(正如现在的经济学家所讲的)有着两方面的必要性:以持续的方式给工资施加压力,以及根据季节的情况对需求和市场的变化作出反应。在危机期间,这群人的数目变得非常庞大,即使是最好的工人也可能遭殃。

---

① 恩格斯:《英国工人阶级状况》,参看《马克思恩格斯全集》第2卷,北京:人民出版社,1957年,第357页。——中译者注

② 恩格斯:《英国工人阶级状况》,参看《马克思恩格斯全集》第2卷,北京:人民出版社,1957年,第357页。——中译者注

③ 由此处开始列斐伏尔转入对《英国工人阶级状况》一书第三章《竞争》的研究。——中译者注

因此工业城市有着一批工人阶级的"后备军"①。这些穷人既是临时的（对个人而言），又是永久的（对阶级而言），他们带来了工业城市中的这种"生动有趣"的混乱和穷人居住区的活力。这些多余的人通过各种各样的活动生存下来：手艺和贩卖，但也有乞讨和盗窃。这些人游荡在大街上，吟唱悲歌，或者说一段可以唤起路人同情的话。乞丐仅仅靠其他工人的施舍来存活。有时全家"默默地站在某一条热闹的街上"，只是用自己那种穷苦无告的样子来感动人。尤其是在星期六晚上，工人居住区公开了自身的"秘密"，其他阶级避而远之。这些"多余的人"当中谁要是有足够的勇气和愤怒来公开反抗这个社会，"对资产阶级进行公开的战争以回答资产阶级对他们进行的隐蔽的战争"，那他就去偷窃、抢劫、杀人②。事实上，竞争充分地反映了流行在现代资产阶级社会的一切人反对一切人的战争：为了活命，为了生存，为了**一切**而进行的战争，直到你死我活，不仅在各个阶级之间进行，而且也在这些阶级的各个成员之间进行……

　　读到这里，时隔 125 年之后的读者可能会感到惊讶。恩格斯在这些篇幅里，自发地描述了现代城市的诞生，就像身临其境一样。125 年之后，这种"环境"和"气氛"发生改变了吗？要想回答这一问题，只需要在一个美国的城市住上一段时间就可以了，即使在欧洲的城市，统治阶级的策略已经把工人转移到郊区，他们被孤立地滞留在一种压抑的和平之中。在欧洲谁又能对此一无所知？工人（无论从事体力劳动与否，白领还是蓝领）就像汽车一样被四处停放。在美国的特大城市里，恩格斯所描绘的悲惨画面比从前任何时候都更加真实。暴力盛行，"每个人都在阻碍他人"；黑人无产阶级和波多黎各人在那里仍然一无所有，但这些集体和阶级的各个成员之间依然相互竞争，正如资产阶级之间依

---

　　① 恩格斯：《英国工人阶级状况》，参看《马克思恩格斯全集》第 2 卷，北京：人民出版社，1957 年，第 369 页。——中译者注

　　② 恩格斯：《英国工人阶级状况》，参看《马克思恩格斯全集》第 2 卷，北京：人民出版社，1957 年，第 371 页。——中译者注

然在相互竞争一样。

在恩格斯看来①,工业大城市确实是道德堕落的根源和罪恶的温床,但那些大声呼告的道德主义者却没有把注意力放在造成这种状况的真正原因之上。"假如这些作家说,贫穷、生活无保障、过度劳动和强制劳动是主要的原因,那么所有的人,包括他们自己在内,就得对自己回答说:既然这样,我们就给穷人们财产吧,我们就保障他们的生活吧。"②指责一座城市、普遍的道德堕落或者邪恶的力量,比抨击这些问题真正的政治的方面要简单得多。恩格斯拒斥这种道德主义和说教。对他而言,由资产阶级造成的这种状况(可能是"无意识的",一旦资产阶级利用了这种状况之后,这也就无关紧要了)自发地和不可避免地产生了酗酒、卖淫和犯罪。蔑视社会秩序的行为也开始出现,最明显最极端的表现就是犯罪。"只要那些使工人道德堕落的原因产生了比平常更强烈更集中的影响,工人就必然会成为罪犯……"③道德主义者所推崇的"家庭生活"该从何谈起? 工人离不开家庭,他必须在家里生活;他不能解散家庭生活,但他可以过着玩世不恭的生活。只要读一读报纸就可以了解这种状况:社会新闻的栏目有着重要的意义。这是善还是恶? 这些都是可笑的问题。在这个国家里,社会战争已经全面爆发了。每个人都把别人看作敌人。"敌对的方面已渐渐划分成相互斗争的两大阵营:一方面是资产阶级,另一方面是无产阶级。"④在恩格斯看来,在都市背景下的阶级斗争不能与普遍的暴力分开,不能与一切人反对一切人的战争分开。他补充道,这场战争不会使我们感到惊奇,因为它

---

① 由此处开始列斐伏尔转入对《英国工人阶级状况》一书第五章《结果》的研究。——中译者注

② 恩格斯:《英国工人阶级状况》,参看《马克思恩格斯文集》第 1 卷,北京:人民出版社,2009 年,第 433 页。——中译者注

③ 恩格斯:《英国工人阶级状况》,参看《马克思恩格斯文集》第 1 卷,北京:人民出版社,2009 年,第 443 页。——中译者注

④ 恩格斯:《英国工人阶级状况》,参看《马克思恩格斯文集》第 1 卷,北京:人民出版社,2009 年,第 446 页。——中译者注

不过是竞争原则的实现。"让我们奇怪的倒是，虽然孕育着大雷雨的乌云日益密集在资产阶级头上，但他们却泰然处之，无动于衷；虽然他们每天都在报上看到这些事情。"①阶级偏见使整个资产阶级变得盲目。总有一天会发生"有产阶级的聪明人士所梦想不到"的事件，从而使这个阶级感到震惊②，尽管在恩格斯的描述中，警察扮演了首要的角色。城市里的犯罪为自己的存在而辩护，实际上它关注着社会秩序，混乱是其中的一部分；但是在恩格斯看来，总有一天混乱会把秩序一扫而光，并从中建立另一种秩序。这才是最大的震惊。

125 年之后，我们知道资产阶级有过几次震惊，首先是在 1871 年③。我们知道这个震惊让资产阶级从梦中醒来而且得到了政治的教训。我们知道，关于阶级的政治教育是一个长期的过程，而统治阶级由于掌握着"文化"、科学和意识形态，它会长期处于领先的地位。现在让人惊讶的是，恩格斯不是通过理论概念和政治失败的严厉的教训，而是通过新鲜的思想和革命的敏感表达了"实际的经验"，自然而然地超越了善与恶的讨论。有些读者在他的著作中读出了某种道德，但那只是读者自己添加进去的；道德主义的痕迹在恩格斯那里变得越来越少。他描写犯罪工人的手法让人想起了司汤达对意大利文艺复兴的描述④，或者尼采通过释放所有能量来对抗停滞状态的手法。无论是资产阶级的道德主义还是工人官僚主义的道德主义，都没有达到这一点。

---

① 恩格斯：《英国工人阶级状况》，参看《马克思恩格斯文集》第 1 卷，北京：人民出版社，2009 年，第 446 页。——中译者注

② 恩格斯：《英国工人阶级状况》，参看《马克思恩格斯文集》第 1 卷，北京：人民出版社，2009 年，第 447 页。——中译者注

③ 列斐伏尔这里指的是 1871 年巴黎公社革命，它建立起了世界上第一个无产阶级政权。——中译者注

④ 司汤达（1783—1842），原名马里-亨利·贝尔（Marie-Henri Beyle），"司汤达"（又译斯丹达尔）是他的笔名，19 世纪法国批判现实主义作家。1814 年波旁王朝复辟后司汤达侨居米兰，同意大利爱国主义者有来往，在一个朋友家的藏书室里，他发现了一批"古代的手稿"。这些手稿真实地记录了意大利 16、17 世纪的一些重大的"社会新闻"，司汤达据此写成一些短篇小说，包括最著名的爱情小说《瓦妮娜·瓦尼尼》，后结集出版，取名为《意大利轶事》。——中译者注

在之后的资本主义社会,这种生动的表达逐渐消退了,革命思想变得谨慎了,在战术上小心翼翼。它逐渐消失了。由于它的中心发生了转移,这些状况被局限在工作和生产场所之中,因而进一步恶化。但这一过程在1845年并没有完成,而且也不可预料。这难道不是后来在20世纪实现的革命思想和马克思主义思想的一个**缩影**吗?

恩格斯的这种最强有力的表达方式出现在1845年,而当时马克思还在比较黑格尔和费尔巴哈之间的关系(当然这并非不重要,远非如此,但这与社会实践和政治实践相去甚远)。"工人们开始感到自己是一个整体,是一个阶级;他们已经意识到,虽然他们分散时是软弱的,但联合在一起就是一种力量。这促进了他们和资产阶级的分离,促进了工人所特有的、也是在他们的生活条件下所应该有的那些观点和思想的形成,他们意识到自己的受压迫的地位,他们开始在社会上和政治上发生影响和作用。大城市是工人运动的发源地,在这里,工人首先开始考虑自己的状况并为改变这种状况而斗争;在这里,首先出现了无产阶级和资产阶级的对立……"[①]

---

① 恩格斯:《英国工人阶级状况》,参看《马克思恩格斯文集》第1卷,北京:人民出版社,2009年,第435—436页。——中译者注

第二章　城市与分工

　　比较马克思和恩格斯在同一主题上的著作，在同一个总问题式的内部仔细地考察他们之间的差异，这种做法并非毫无意义。以"政治经济学批判"为例，人们普遍认为，恩格斯在 1844 年初发表的文章《国民经济学批判大纲》开辟了通常所指的"马克思主义"的思想道路。

　　这些明显的差异可能揭示了文本中存在着的未被言说的东西。事实上，评论者们几乎都在强调他们之间的共性，而不是他们之间的差异。这里所说的"差异"指的并不是分歧或矛盾，更不是冲突。总体而言，解释者倾向于认同他们之间的同一性。人们对这两位创始人的思想进行过滤、筛选；他们排除了最小的偶然性，不管是好的还是坏的；就像日常工业处理未经消毒的牛奶的方式那样，他们仅仅为了保证他们的产品是无菌的、卫生的，保证它们具有细微的同一性和显而易见的相似性，而不管它们的味道如何。

　　恩格斯让理论与现实作对决，让经济学思想与经济的实际作较量。他把"生活经验"（vécu）（在商业中，在工业中，以及在资本统治下的无产阶级的生活中）和政治经济学对这同一个现实的表达放到一起加以比较。恩格斯一方面批判了缺乏思想的"生活经验"，另一方面批判了脱离了生活，也就是说脱离了实践的思想。

　　与之相反，马克思是在最高的抽象层面上比较了几种重要的理论立场：黑格尔和费尔巴哈的立场，以及斯密和李嘉图的立场，比较了他们的概念和观念。

　　　　　　　　　　　　　　　　　　　　　　　　马克思主义思想与城市

而当他与恩格斯开始合作时,马克思的这种思辨的天真消失了,取而代之的是某种幽默感和非道德主义。以《神圣家族》(*La Sainte Famille*)一书为例,这部作品写于马克思与恩格斯第一次会面之后,而恩格斯只写了其中的一小部分。在这里,语调变得十分活泼,充满了讽刺的味道。马克思讨论了现实的果实与果实的思辨理念之间的关系,如果说这一著名的段落反映了马克思已经达到的理论广阔性,那么其他部分则反映了恩格斯所获得的关于现实生活和现实社会的十分具体的信息。比如,在那场同样著名的以哲学唯心主义为批判对象的论战中,马克思把矛头指向了施里加(Szeliga)①以及他对《巴黎的秘密》②(*Mystères de Paris*)的解释。如果施里加先生了解巴黎警察局的档案,如果他读过《维多克的回忆录》③(*Mémoires de Vidocq*),那么他就会知道警察不仅会利用仆人,指使仆人去做最简单的事情,"而自己则不仅不停在门外,不仅看着主人脱衣服,而且还变成他的情妇(femme galants),甚至变成妻子,钻进被窝,碰到他赤裸裸的肉体。在欧仁·苏

---

　　① 施里加,原名为弗兰茨·齐赫林斯基(Franz Zychlinski, 1816—1900),普鲁士军官,以"施里加"的名字为青年黑格尔派代表人物布·鲍威尔的定期刊物撰稿。——中译者注

　　② 《巴黎的秘密》是法国19世纪中叶著名小说家欧仁·苏(Eugène Sue, 1804—1857)于1842年发表的一部很有影响的小说。这部作品写了巴黎的监狱、病院、酒吧间和强盗窝等下层社会。作者以同情态度描绘的穷人生活,具有很强的揭露性。恩格斯在《大陆上的运动》一文中肯定它说:"这本书以令人信服的笔触描写了大城市的'下层等级'所承受的困苦窘迫和道德败坏,这样的笔触不能不使社会关注所有穷人的状况。"(《马克思恩格斯全集》第2版第3卷,北京:人民出版社,2002年,第556页)马克思在《神圣家族》中对《巴黎的秘密》作了精辟的分析批判。他一方面肯定这部小说的进步意义,另一方面也指责欧仁·苏所宣扬的以阶级调和、道德感化等来改良社会的措施,以及对人民革命力量的鄙视。这些正和青年黑格尔派的"思想哲学"具有同样反动的实质。——中译者注

　　③ 弗朗索瓦·欧仁·维多克(Francois Eugene Vidocq, 1775—1857),法国冒险家。1809年在拿破仑帝国新设立的警察署任职,1830—1832年又出任七月王朝的警察署长,因被指控参与组织偷盗被撤职,以后组织私人侦探亦被取缔,与雨果、巴尔扎克、欧仁·苏和大仲马等作家关系密切,有《回忆录》《巴黎的真正秘密》等著作伪托其名出版。——中译者注

的小说中,警探'红手'是情节发展的主要体现者之一"①。这些评论中不包含任何天真的成分,反倒是突出了思辨的、批判的哲学家们的天真。

然而在这种批判的批判中,即使在关于《巴黎的秘密》的论述中,城市本身并没有以自己的面貌或者以类似的方式出场。这里涉及一种指控:支持还是反对"人类",支持还是反对"意识"和历史的观念,支持还是反对唯灵论与唯物论之间的对立,支持还是反对独断论和旧的德国基督教精神,支持还是反对黑格尔所构想的国家,等等。

在《1844 年经济学哲学手稿》(*Manuscrits de 1844*)中②,马克思极大程度地、强有力地推进了如下理论之间的对抗:

(1)形而上学(本体论)与人类学,关于有机的自然存在的认识;

(2)哲学(历史哲学和哲学史)与政治经济学,关于社会实践和当代社会的科学;

(3)法国政治批判传统(革命的、雅各宾派的),始创于英国的、关于财富的科学研究,以及德国思想的概念化力量(马克思对此进行了延伸,但他认为工人阶级应当继承这一遗产);

(4)黑格尔关于"人"的理论,即人类在自己的历史进程中通过劳动和斗争创造了自身,与费尔巴哈关于"人"的理论,即人类是一种自然存在,是感性的、并且具有感觉能力的存在,是一种需要和享受的存在。

在《1844 年经济学哲学手稿》中,这种普遍化的对抗在"纯粹"的知识层面得到了展开。它仍然是巨人、神龙和独眼巨人之间的较量,依然是诸神之间、观念与概念之间的斗争。对"生活经验"的参照仅仅存在于注释和题外话之中。马克思有时候会运用现实世界中的事物来说明

---

① Karl Marx and Friedrich Engels, *The Holy Family*, trans. Richard Dixon (Moscow: Foreign Languages Publishing House, 1956), 99.——英译者注。马克思、恩格斯:《神圣家族》,参看《马克思恩格斯全集》第 2 卷,北京:人民出版社,1957 年,第 93 页。——中译者注

② 由此处开始列斐伏尔转入对《1844 年经济学哲学手稿》的解释。——中译者注

自己的思想。如果没有这些说明的话,读者面对这些草稿将会无法明白作者到底在讲什么,无法了解他写作的用意。这赋予了手稿一种神秘的、令人兴奋的特征。每个读者都能从中获得乐趣和营养。

这导致了一种奇怪的结果。马克思所发表的许多论述只有在一种社会背景下才能获得其意义和视野:这种社会背景就是都市现实。然而马克思从来没有提及它。虽然在某个决定性的方面上,马克思曾在一两处地方中把这一背景与概念的连贯性联系在一起,但都市现实依然是晦暗不明的。

封建所有制包含着一种土地与人类之间的关系。贵族老爷继承了领地的称号和土地,领地随之获得了人格化的特征。农奴是土地的附属,但继承者(领主的长子)也是隶属于这片土地,隶属于这片狭小的乡土,肩负着领主的家庭、房屋、家族、家臣和他们的历史。封建主与他的依附者之间的关系是透明的,他们之间没有模糊的中介,比如货币之类的东西。因此,这种政治状况又有其温情脉脉的一面。土地所有制的高贵地位给领主罩上浪漫主义的灵光。然而马克思认为,这种外观必须消失。这种历史的或理论的必然性从何而来?马克思在这一点上并没有详细说明。他写道:"地产这个私有财产的根源必然完全卷入私有财产的运动而成为商品。"[1]因此所有者和他的财产之间的一切人格的关系必然终止,"与土地的荣誉联姻必然被利益的联姻所代替,而土地也像人一样必然降到牟利价值的水平"[2]。土地所有制具有的厚颜无耻特征也必然暴露出来,"稳定的垄断必然变成动荡的、不稳定的垄断,变成竞争,而对他人血汗成果的坐享其成必然变为以他人血汗成果来

---

① Karl Marx, "The Economic and Philosophical Manuscripts (1844)", in *Early Writing*, introduction by Lucio Colletti, trans. Rondney Livingstone and Gregor Benton (London: Penguin Books, 1992), 319.——英译者注。马克思:《1844年经济学哲学手稿》,参看《马克思恩格斯全集》第2版第3卷,北京:人民出版社,2002年,第261页。——中译者注

② 马克思:《1844年经济学哲学手稿》,参看《马克思恩格斯全集》第2版第3卷,北京:人民出版社,2002年,第262页。——中译者注

进行的忙碌交易"。然后呢？封建制将会消失,中世纪的俗语"没有无领主的土地"被现代俗语"金钱没有主人"所代替。①

如果工业获得了一种强大的力量(马克思补充道,就像在英国那样),那么工业就会剥夺大地产的垄断地位,并让它投入与外国地产的竞争之中,投入世界(谷物)市场之中。因此在英国,大地产已经失去了自己的性质,同样,它也希望赚取金钱！城市在这场巨变中,既是场所和工具,又是故事发生的剧场,这一点难道还不明显吗？如果人们不仅仅在范畴的抽象关系——"财产""交换""货币"——中去思考这种转变,那么它从何而来？显然马克思并没有打算对此进行说明,即使当他在谈论地产在城市空间中的扩张时,即"房租上涨和贫困增长之间的关系"。事实上,"随着房租的上涨,地租,即房基地的租金也增长"②。

马克思在别的地方也是如此,他谴责道,"人"总体而论实际上被贬低为一种生产和消费的机器③,历史被贬低为经济规律,工人被贬低为抽象的活动和胃④。接着,马克思主要抨击了私有财产成为"世界历史的力量",进一步展开这种批判,随着这一过程进一步深化,城市的背景日益凸显。马克思认为异化出现了,一方面它带来了需要和满足需要的资料的精致化,另一方面退回到一种牲畜般的野蛮状态。"甚至对新鲜空气的需要在工人那里也不再成其为需要了。人又退回到穴居,不过这穴居现在已被文明的污浊毒气污染,而且他在穴居中也只是**朝不保夕**,仿佛它是一个每天都可能离他而去的异己力量,如果他付不起房

---

① 马克思:《1844年经济学哲学手稿》,参看《马克思恩格斯全集》第2版第3卷,北京:人民出版社,2002年,第262页。——中译者注

② 马克思:《1844年经济学哲学手稿》,参看《马克思恩格斯全集》第2版第3卷,北京:人民出版社,2002年,第257页。——中译者注

③ 马克思:《1844年经济学哲学手稿》,参看《马克思恩格斯全集》第2版第3卷,北京:人民出版社,2002年,第248页。——中译者注

④ 马克思:《1844年经济学哲学手稿》,参看《马克思恩格斯全集》第2版第3卷,北京:人民出版社,2002年,第228页。——中译者注

租,他每天都可能被赶走。他必须为这停尸房**支付租金**。"①埃斯库罗斯笔下的普罗米修斯,他所提到的那个"明亮的居室"到底在哪里? 文明的阴沟成为工人的生活要素(环境)。爱尔兰人只知道有**吃**的需要,确切地说,只知道**吃马铃薯**,而且只是**感染上斑点病的马铃薯**②。但是,在英国和法国的每一个工业城市中都已有一个小爱尔兰。马克思几乎是偶然地提到了这一背景,但对他而言这只是一个可怜的布景。马克思认为,在"人"的意义所理解的世界仅仅是"人"的作品,因此"人"在占有自然的过程中重新生产出了自然,而无论是表面上的"对象"世界,抑或是上帝所创造的虚幻世界,都是劳动的结果,他在说明这些观点时,既没有提到城市,甚至也没有提及它的境况。

事实上,马克思仅仅在一个段落中提到了这一点,虽然隐蔽但依然非常关键。"资本和土地的**差别**,利润和地租的**差别**,这二者和工资的**差别**,**工业**和**农业**之间、私有的**不动产**和私有的**动产**之间的**差别**,仍然是**历史的**差别……"③这是关键的一段,因为马克思此后的所有工作,包括《资本论》在内,都在论述这种历史状况以及它如何发生转变。马克思的答案出现在这部伟大的(未完成的)著作的结尾。在历史上出现的资本主义社会的元素,它们本来是**相互外在**的东西:土地,地主,自然——劳动,脱离于生产资料的劳动者——资本,谋求利润的货币,资本主义,资产阶级。工人一开始是无业游民,货币来源于商业,地主本来是领主。(资产阶级)社会接受、发展和糅合了这些独立的元素,把它们聚集在一个统一体中:扩大化的生产,总的剩余劳动,在整个社会范围内的剩余价值(而不是在孤立的企业、资本主义或所有者的范围内)。但过去的差异重新出现了,它们一半是虚幻的,一半是真实的。人口、

---

① 马克思:《1844年经济学哲学手稿》,参看《马克思恩格斯全集》第2版第3卷,北京:人民出版社,2002年,第340页。——中译者注

② 马克思:《1844年经济学哲学手稿》,参看《马克思恩格斯全集》第2版第3卷,北京:人民出版社,2002年,第341页。——中译者注

③ 马克思:《1844年经济学哲学手稿》,参看《马克思恩格斯全集》第2版第3卷,北京:人民出版社,2002年,第284页。——中译者注

阶级和阶级划分,这些范畴不知不觉地被卷入剩余价值的生产之中,卷入剩余价值的实现和分配之中;这些范畴还像过去那样被区别看待,工人认为自己得到了自己的劳动报酬(工资),地主认为自己收取了自己应得的地租,资本家认为自己获得了自己的生产资本的成果(利润)。然而问题仅仅在于(总的)剩余价值的分配!因此,从历史中产生的这些特殊性转变为资本主义生产方式(体系)的内在差异,一半是幻想,一半是现实,二者难以区分。阶级**分离**既是虚幻的,又是真实的。它是虚幻的,因为各个阶级处于同一个社会之中,处于同一个系统化的"整体"之中;另一方面,社会财富有且仅有一种来源。它是真实的,因为各个阶级在社会上和实践上处于一种分离之中,这种分离被维持下来,直到冲突的发生。这种**关键的**(capitale)①蜕变从何而来(更确切地说:这种蜕变创造了资本和资本主义)?答案在工业和**城市生活**(la vie citadine)中②,它们虽然与乡村地产相对立,但是在很长时间内还保留着后者的痕迹和烙印。正是在城市中,在城市生活内部并且通过城市生活,一种蕴含着重大后果的冲突才得以开展,它对立于自然、乡村生活和农业劳动所塑造的农村。只有通过破坏直接的、原始的地产直到它消失殆尽,财产才能获得它的抽象的(即**私有的**)本质,它与抽象的(即**社会的**)劳动不可分割。流动的财富(货币、资本)因此取代了土地、农产品等自然的财富。这种自然的财产给予了所有者一种魔法般的魅力。它是不可剥夺的,贵族带有着一种浪漫主义的灵光;正如20世纪的一位社会学家所说,他具有一种超凡魅力(charisme)。而货币、资本、证券和钞票的所有者已经失去了这种魅力。他剥夺了财产的所有神秘价值。在哪里?在什么背景下?在城市生活中,它是这场转变的媒介(环境、手段、中介、中间状态)。最终,这一怪物声名显赫,它是各种蜕变和交汇的发生场所,是戏剧的空间,它混淆了虚幻与真实,激发

---

① capitale 一语双关,既有"关键"之意,也有"资本"之意。——中译者注
② 马克思:《1844年经济学哲学手稿》,参看《马克思恩格斯全集》第2版第3卷,北京:人民出版社,2002年,第284页。——中译者注

马克思主义思想与城市

了占有（appropriation）[这里，占有表现为异化，它构成了"城市（公民）权"（droit de cité）]——最终，取得胜利的资本似乎发现了人类劳动是财富的源泉……

我们对《1844年经济学哲学手稿》的讨论到此为止，这些手稿在当今的重要性不应该被高估或低估。就像道路上的路标一样，这些文本指明了一个方向。手稿所缺乏的东西和它揭露出来的东西，与手稿呈现出来的东西同样重要。在各个范畴之间的（辩证的）冲突中，在各种概念的暴雨雷鸣中，曙光开始出现了。为了进一步推进我们的思路，我们这里暂时放下那些可以向1844年的马克思继续追问的问题，转向《德意志意识形态》（*L'Idéologie allemande*）（1845—1846）①。

他是否受到了恩格斯的直接影响，开始注重联系实际了？这里的境况发生了变化。都市现实占据了首要地位，虽然还只是在一个有限的方面上。为了确定城市在马克思主义思想中如何出场，理解城市的重要性和局限，我们需要理解**分工**（division du travail）和**意识形态**（idéologie）之间的区别和不可消除的联系。

本体论和人类学之间的对抗（以形而上学为导向的旧哲学，与人类被视为一种自然存在的"物理学"立场之间的对抗）已经揭示了这两种表象之间的根本冲突。我们不能满足于一种折中主义或者一种模糊的综合。马克思以一种无与伦比的理论力量把这一冲突推向极致，唯一的出路就是：以超越冲突的方式解决冲突，通过一场"理论革命"的方式来消灭这些矛盾的概念（这一表达出现在《1844年经济学哲学手稿》的开头，它的对象是黑格尔和费尔巴哈）。

马克思和恩格斯从两个方面设想了这一过程：历史与实践。历史概括了人类生产本身。这里的**"生产"**一词的意义比经济学家所使用的更加宽泛；它获得了完整的哲学的意义：事物（产品）和作品的生产，观念和意识形态的生产，意识和认识的生产，幻象和真理的生产。因此，

---

① 由此处开始列斐伏尔转入对《德意志意识形态》的解释。——中译者注

历史从遥远的(原始的)过去走向当下,而为了理解过去如何能够孕育出当下,历史学家追溯了这条道路。另一方面,**实践**(praxis)以这种历史的运动为基础,依赖于当下并且构建出当下,为未来做准备,预见其可能性,也就是说,通过一种总体的革命来实现对现实世界的总体的改造。社会实践可以进行分析:狭义上的生产和社会生产力、政治实践和革命实践,等等。马克思认为,只有唯物主义和辩证法的思想才能把握这一过程的两个决定性因素,即**历史性**(historicité)和**实践**(praxis),才能把握复杂性、差异、相互冲突和矛盾。这构成了**历史唯物主义**(matérialisme historique)。

然而问题马上出现了。如果确实如此,如果历史与实践是认识的基础,那么在社会中生活的人们为何花了那么长时间才意识到这一点?它们之间的关系如何孕育出幻象和谎言,而真理之声却需要伸张才能听到?错误从何而来?在人们的头脑中,疯狂和理性不可思议地混合在一起,这一点如何解释?

这两位新学说的奠基人虽然对那些"哲学英雄"作出了嘲讽,但也应当避免重蹈覆辙。哲学的幻想包括了什么?首先,对哲学家而言,它包括所有发生在纯粹的思维领域内、世俗世界之外的东西。其次,包括哲学家所选择的某个抽象范畴,如人类、意识、实体、唯一者,哲学赋予它一种特许的、独一无二的重要性,使之成为一种绝对。如果他自称具有"批判性"并且自认为如此,他就会攻击他的同行,攻击其他哲学家所接受的"虚假观念",攻击当前流行的宗教。这位哲学家自认为具有革命性并且相信自己改变了世界,他梦想着摆脱某些教条,但这些教条与他自己的如出一辙。在他的思想里,这个基本问题从来不会出现:这种思想存在的前提和条件是什么?哲学与德国现实之间的关系是什么?这位哲学家不会去思考这种问题。而马克思和恩格斯明确提出了这一问题并且作出了回答。他们不是从教条或者抽象的基础出发,而是从现实的基础出发:从诸多的个人出发,从经验上可以确定的生存条件出发。

马克思主义思想与城市

值得注意的是,《德意志意识形态》的两位作者在提出这一表述之后实现了一次惊人的飞跃,从现实本身跳跃到现实的起源。"人类"在改造自然的活动中直接或间接地生产出自身的环境,在这些活动中,什么东西是**原始的**? 这就是"生产"以及"再生产",既是在物质层面上,也是在社会层面上:生活方式的再生产。"个人怎样表现自己的生命,他们自己就是怎样。因此,他们是什么样的,这同他们的生产是一致的——既和他们生产**什么**一致,又和他们**怎样**生产一致。"①

这里新的飞跃出现了,这次飞跃不是向后,而是向前。我们从"人类"(他们通过**生产**和劳动与动物区别开来,而他们发明的劳动工具则是与他们自己的身体区别开来)跳跃到各民族之间的差异。对这些著名文本的批判性的重新阅读并不会贬低它们的重要性,而是让我们不再忽视论证中的那些缺陷。这是能够辨别这些观点孰强孰弱的唯一方法。把它们牢记于心或者引为经典的这种坚定不移的态度,并不总是能够与理论构思的强大之处结合在一起。我们很容易找出那些被过度高估或低估的、不太恰当的主张(比如在这里有一个著名的论点,即思想和意识被还原为对外在现实的简单"反映")。

第一个真正坚定可靠的观点,既不是从时间的抽象飞跃出发,也不是从起源的回溯出发,而是关于城市的总体主张②。"一个民族内部"的分工(一种更模糊的说法是:这些"民族"从何而来? 从分工而来,这就接近于同义反复了)一方面引起工商业劳动的分离,另一方面引起了农业劳动的分离。它从而也引起"城乡的分离和城乡利益的对立"③。

---

① Karl Marx and Friedrich Engels, *The German Ideology* (New York: Prometheus Books, 1998), 37.——英译者注。马克思、恩格斯:《德意志意识形态》,参看《马克思恩格斯文集》第 1 卷,北京:人民出版社,2009 年,第 520 页。——中译者注

② 由此处开始列斐伏尔进入对《德意志意识形态》以城市为主体的历史观的阐释。——中译者注

③ 马克思、恩格斯:《德意志意识形态》,参看《马克思恩格斯文集》第 1 卷,北京:人民出版社,2009 年,第 520 页。——中译者注

随之而来的是各种各样的划分和社会活动的各种特殊的分离。分工的发展、劳动与交换之间的差异以及不同的所有制形式之间存在着关联：首先是集体（部落）所有制，家庭在其中逐渐占据主导地位，在家庭中的分工是一种似自然的（生物的）分工——接着是公社所有制，它是由于几个部落通过契约或征服联合为一个**城市**而产生。在这种公社所有制之外，私有制开始建立并发展起来，但它首先是作为一种反常的、从属于公社所有制的形式，尤其是作为一种奴隶所有制。这里我们发现了在城市内部存在着商业和工业之间的对立。这一强有力的、崭新的论断尤其值得我们注意。表达的模糊性（在"所有制形式"这一表达中，"形式"到底意味着什么？）消失了。在他们提出这一观点之后，**历史学家的历史**并没有始终在**历史性**的层面上指出它的重要性，虽然它只是一个决定性的表述，一个属于那个历史时期的路标……

古代的起点是城市，而中世纪的（言下之意：欧洲的、西方的）起点是乡村①。在古代，**政治**城市组织、统治、保护、管理、开发着某片领土，其中包括农民、村民和牧羊人等。在某些情况下，比如在雅典和罗马，这种政治城市通过战争以及交换（物物交换和商业）的方式统治了一片广阔无比的领土，这片领土远远大于它现有的郊区。在这种城市扩张中，奴隶和公民之间的矛盾成为主要矛盾。阶级关系是唯一的关系。

在中世纪，这种关系被颠倒过来了。领主依赖于乡村，他统治着一片不发达的领土，他希望进行扩张。封建所有制来自一个双向的过程：一方面是罗马帝国的解体（它留下了农业的扩大化，以及通过商业和政治纽带统一在一起的广阔空间）——另一方面是蛮族的到来，他们重建出一个属于农民的共同体。中世纪社会的等级结构有着它的基础：封建君主所控制的共同体占领着一片土地，并且拥有着土地上和军事上的权力。蛮族并没有重建出古代的公社所有制，而是让它隶属于封建

---

① 马克思、恩格斯：《德意志意识形态》，参看《马克思恩格斯文集》第 1 卷，北京：人民出版社，2009 年，第 522 页。——中译者注

马克思主义思想与城市

的结构。封建结构的对立面是什么？既是被统治的生产阶级（农民阶级），又是城市（城市居民，以及从事商业和维护交换活动的"资产阶级"）。一种双向的阶级斗争开始发生，尤其是在资产者和领主之间。这导致了中世纪的都市革命和王国的出现。

经济的、社会的、政治的萧条导致了古代社会及其帝国的衰亡，这种萧条从何而来？有许多原因和理由。奴隶制限制了经济增长（不发达的生产力和奴隶们不发达的创造性），奴隶反对奴隶主的这种徒劳无功的斗争是当时最大的阶级斗争。相反，在中世纪的欧洲，原本从属于封建结构的城市成功摆脱了统治。与此同时，城市摧毁了封建的结构，并且对它进行吸收和改造。

"在**城市**中"，与这种土地占有的封建所有制（土地所有制：被领主制度统治的农村共同体）"相适应的是同业公会所有制"①。手工业者的共同体产生了一个以各行业的人物为代表的等级体制：同业公会的会长，都市的寡头，以及在政治上统治着城市的富人。生产者的行会一方面与为富不仁的贵族作斗争，一方面组织起有屋顶的市场，接纳逃亡的农奴，保证现有的（商业的）小资本得到保护和增长……

这两种形式（城市中的土地所有制和同业公会所有制）的结构是由狭隘的生产关系和生产力决定的：农业还处于初始阶段，工业还处于手工业阶段，交换活动依然不稳定，分工还没有细化。在这种"通过等级确立的所有制"中，存在着贵族、教士和中产阶级，以及君主、农民和手工业者。

当这些商业城市逐渐扩大，当它们与别的城市结成联盟或者发生战争的时候，这种结构发生了变化。它一方面引起了商业和工业之间的分工，另一方面在国家内部引起了乡村贵族和城市寡头之间的结盟。只有当城市战胜了乡村贵族（公社革命和城市资产阶级革命）之后，这

---

① 马克思、恩格斯：《德意志意识形态》，参看《马克思恩格斯文集》第 1 卷，北京：人民出版社，2009 年，第 522—523 页。——中译者注

些事件才会发生，也就是说，它推翻了最初的状况，推翻了乡村、土地所有制、封建结构对依然弱小的城市的统治。

我们不必在这些文本中过度解读马克思和恩格斯的思想，而只需要把它们与其他文本（一般是后面的文本）联系起来，从而得出下述的结论。古代社会（奴隶制的生产方式）长期以来处于衰退之中，而且并没有生产出另一种生产方式和另一种社会。在经历过短暂的上升期之后，它的历史基本上是它自身的衰退史。为什么？因为古代城邦构建了一个封闭的系统。内部的斗争只能带来内部的破坏，而无法打开另一种实践的现实。奴隶的起义虽然具有合法性，但它们往往在开始前就被镇压了。为什么？因为政治城市（ville politique）对周围乡村的统治在一开始就是确定的，它被包含在"城乡"关系之中。在农业劳动中（在大地产中：庄园），对奴隶的利用依赖于城邦，而城邦也在利用这种生产方式和权力状况。矛盾依然在城邦内部。这种关系不仅迫使古代城邦在各个方面达到自身的极限，而且使它遭遇到战争的破坏性的甚至是自我破坏性的反击，而古代城市一直在经受和阻止这些战争。古代城邦的矛盾更多的是一种破坏性，而不是一种超越的创造性。

然而在欧洲的中世纪（我们暂且把"亚细亚生产方式"放在一边），城乡关系变得具有冲突性。在蛮族的大规模介入之后，由于蛮族在历史上实施了反对古代城市的法令并且重新用一种部落和集体社会来取而代之，城市和中世纪的资产阶级不得不去争取最高的政治权力，通过取代土地领主的方式，在提取剩余价值（地租）上，在财产本身（在可以预料到的一段相当长的时期里，破坏土地的封建所有制）上，在经济上争取能够剥削乡村。城市系统（système urbain）本身不能是封闭的，因为它象征着封建系统（système féodal）的断裂（打开）。在这一过程中，城市孕育出不一样的事物，孕育出自身之外的事物：在经济层面上产生了工业，在社会层面上产生了动产（与所有制和组织上的封建形式相妥协），最后在政治层面上产生了国家。这就是欧洲第一次大规模的阶级斗争和社会形式斗争的历史结果：城市对抗乡村，资产阶级对抗封建制

马克思主义思想与城市

度,动产和私有财产对抗地产和共同体财产。

　　读者在这里将会注意到,在《德意志意识形态》中,城市与乡村之间的关系的首次发展被嵌入这些基本命题之中(对哲学的一种哲学批判),嵌入一系列新的一般命题之中,这些命题明确地定义出"历史唯物主义"。难道我们还不能得出下述结论:马克思和恩格斯所表述的历史唯物主义,不是由哲学的普遍性所构成,而是要反对哲学,但它依赖于一段直到当时为止(也可能是迄今为止)被忽略的历史,也就是说,城市的历史?

　　"事情是这样的。"①特定的个人进入特定的社会关系和政治关系之中(他们在实践中维持着这些关系,这些关系虽然是由他们"造就"的但又不取决于他们,他们并没有对此作出选择)。社会—政治结构与生产之间的关联可以被观察和证明。"社会结构和国家总是从一定的个人的生活过程中产生的。但是,这里所说的个人不是他们自己或别人想象中的那种个人,而是**现实中的**个人,也就是说,这些个人是从事活动的,进行物质生产的……"②

　　在这里,一种决定性的提问方式出现了。什么是**生产**? 在广义上,它来源于黑格尔但又接受过一般的批判哲学的改造,特别是黑格尔主义的批判的改造,以及人类学所带来的帮助;生产并不仅限于那种为了交换而制造事物的活动。这里既有作品,又有产品。生产在这种广义上(人类的生产本身)包含着观念、表象和语言的生产。它紧密地"与人们的物质活动,与人们的物质交往,与现实生活的语言"交织在一起。人们生产着这些表象和观念,但这里所说的"人们"是"现实的、从事活动的人们"③。

---

　　①　马克思、恩格斯:《德意志意识形态》,参看《马克思恩格斯文集》第1卷,北京:人民出版社,2009年,第523页。——中译者注

　　②　马克思、恩格斯:《德意志意识形态》,参看《马克思恩格斯文集》第1卷,北京:人民出版社,2009年,第524页。——中译者注

　　③　马克思、恩格斯:《德意志意识形态》,参看《马克思恩格斯文集》第1卷,北京:人民出版社,2009年,第524页。——中译者注

因此,除了生产之外,人类一无所有。心理、知识这些可以被称为"精神"的东西,以及那些被哲学当作自己的专有领域的东西,与其他东西一样都是"产品"。既有表象、观念和真理的生产,也有幻象和谬误的生产。这里有一个值得注意的片段明确地表达了这一点:"'精神'从一开始就很倒霉,受到物质的'纠缠',物质在这里表现为振动着的空气层、声音,简言之,即语言。语言和意识具有同样长久的历史;语言是一种实践的、既为别人存在因而也为我自身而存在的、现实的意识。"①对马克思和恩格斯而言,没有意识就不存在思想,没有语言就不存在意识,也就是说,没有媒介和关系就不存在意识。人类之所以与别的生物区别开来,就在于他创造了自身的关系并因此获得一门语言:他的语言。通过语言,关系才能作为关系而存在。因此,意识是一种(社会的)产物。至于那种通过自身而存在的"自我意识",它作为意识、精神和上帝的绝对形式,是哲学家们的一种幻想。顺便一提,我们也可以按照主题的方式,把马克思关于语言的文本集合在一起。虽然他并没有在这一点上展开他的思想,而且他也可能缺乏概念上的工具,但他似乎开启了一种问题发展的方向(比如,关于语言和交换价值之间的关系)。

哲学从天国下降到人间,而唯物主义思想则是从人间上升到天国。它的出发点是从事实际活动的人。不是意识决定(社会)生活,而是生活决定意识。解放是一种历史活动,不是思想活动,"当人们还不能使自己的吃喝住穿在质和量方面得到充分保证的时候,人们就根本不能获得解放"②。

我们这里并不打算沿着历史唯物主义的建构一直走下去,而是在这一发展过程中确定这些理论片段以及马克思恩格斯关于城市的看法。因此我暂且把题为"历史"的文本放在一边,并且明确提出几点看

① 马克思、恩格斯:《德意志意识形态》,参看《马克思恩格斯文集》第1卷,北京:人民出版社,2009年,第533页。——中译者注
② 马克思、恩格斯:《德意志意识形态》,参看《马克思恩格斯文集》第1卷,北京:人民出版社,2009年,第527页。——中译者注

法。恩格斯和马克思灵活地使用着**生产**一词的两重含义。

（1）在广义上它来源于哲学。在此，**生产**意味着创造，它对艺术、科学、制度和国家本身而言具有价值，正如它对一般而言的"实践"活动具有价值一样。分工使生产碎片化，并且使这一过程离开了意识，分工本身也是一种生产，正如意识和语言一样。自然本身受到了改造，它也是一种产品；感性世界看上去似乎是被给予的，实际上是被创造的。

（2）在狭义上，它的明确的、但又被缩小和简化了的定义来源于经济学家（亚当·斯密、大卫·李嘉图），但是，一种总体的世界观使它发生了改变，这就是历史的观念。

对于生产的本质问题，马克思和恩格斯从两方面着手展开。在"生产"一词的广义（在哲学或似哲学的意义上）但又模糊的含义上，他们加入了该词狭义上的明确的、经验的、接近于"实证的"特征。他们通过投入其他词义的丰富和广阔的方面，来纠正后一种词义上的狭隘的（缩小的和简化的）特征。在广义上，存在着作品、观念和表面上的"精神性"的生产，总而言之，存在着所有构成社会和文化的事物的生产。在狭义上，存在着商品、食物、衣服、住宅和事物的生产。后一种含义为前一种含义提供支撑，并指出了它的物质"基础"。

恩格斯和马克思成功地向读者证明了，历史包含着这一双向的过程和双重的含义。然而，他们的论证中存在着一些混乱和薄弱之处，这可能是这两位作者放弃了这部著作而并没有把它出版的原因。但他们相信自己已经弄清根本的问题了，他们重新考察了"原初的历史的关系的四个方面"，也就是说，用以满足第一需要的生产方式（器具，工具）——新的需要的生产——再生产，也就是家庭——在生产中把工人们联合起来的关系。这四个"时刻"既是原初的，又是永久的，也就是说是历史的。显而易见的是，这些"时刻"内在于整个历史之中，叙说着过去和现在的历史。历史通过分工而被引入，而分工只是从物质劳动和精神劳动分离的时候才真正成为分工。"从这时候起意识才能现实地想象：它是和现存实践的意识不同的某种东西；它不用想象某种现实的东西就能现实地想象某种东西。"①根据这一点，两位作者的分析从"时刻"跳跃到民族意识和（德国）民族抱负，再跳跃到普遍意识的现实考察之中。他们作出了卓越的、具有批判性的考察，但他们这种以历史的名义所作出的跳跃却超出了历史，超出了他们的前提。这一跳跃有点太过于辩证了，以至于后面的论述也受到了影响，特别是当他们以历史的名义重新考察关于异化的哲学理论的时候，他们并没有详细说明它在历史中到底是一种异化还是非异化！……

为什么批判性的意见就可以免受批判思想的批判？事实上，只要我们重新回到城市，这一文本就能重新获得它的协调性和丰富性。就好像城市有效地和具体地把**生产**这一中心词的两重含义结合在一起。

这一文本重新开启了之前关于城市的讨论，然而这是在更高的层次之上。两者的共同点有哪些？关于历史发展及其财富的概括，这些概括本身包含着许多令人兴奋的表达，但又混合了那些从各个时代中提取出来的观点，从起源时期一直到总体革命时期。关于城市的讨论就像关于费尔巴哈的讨论一样，它作为论证的开端并且为之提供论证的理由，它离我们如此遥远，但我们又时常回到它的左右。这里的混乱如此之大，而一代代的注释者则试图从中找到某种秩序、方法和精确性，并满足于从这一宝藏中挖掘出几句可引用的话语，而且往往是相同的那几句……

在关于城市的第二个片段中，他们的思想再一次变得集中和明确，变得更容易定位。重新回到之前讨论过的主题，使他们获得了新的材料和一种集中的形式。当代的读者时常认为，马克思和恩格斯在写作的时候对下述问题已经有他们的答案：历史的主体是什么？在这一篇章中，对他们而言，历史的主体就是城市。我们不必过早地下定论。马克思后来讨论过主体的问题，但它只有在《大纲》中才得到清晰的表达。

---

① 马克思、恩格斯：《德意志意识形态》，参看《马克思恩格斯文集》第 1 卷，北京：人民出版社，2009 年，第 534 页。——中译者注

集体性的主体,历史的主体,被视为总体的主体,在整体之中的实践,它们不再是黑格尔式的国家;马克思在他的黑格尔主义(历史哲学和哲学史,国家理论和法学理论)批判中驳斥了这一点。然后呢?马克思在最终的答案面前犹豫了。答案是"社会"?生产方式?阶级?作为特权阶级的无产阶级,不管在否定的意义上还是在肯定的意义上?马克思可能认为这一问题本身是思辨的(哲学的而不是实践的或政治的),他似乎在避免作出回答。尽管如此,这一问题还是被清楚和明确地提出来了。

这里,历史的主体毫无疑问是城市。它表现出几个明确的特征:

(1)与城市相对立的是乡村,它是分散和孤立的。相反,城市不仅集中了人口,而且集中了生产工具、资本、需要和享受。因此,它集中了使社会成为社会的一切事物。因此,"随着城市的出现,必然要有行政机关、警察、赋税等等,一句话,必然要有公共机构,从而也就必然要有一般政治"[①]。

都市存在与政治存在被混淆在一起,正如"政治"一词所指示的那样[②]。如果城市集中了一个社会所必要的事物,那么它就会在组织和制度上以一种相对合理的方式来对此重新分配。

(2)然而,城市与乡村之间的分离破坏和阻碍了社会的总体性;城乡分离依赖于物质劳动和精神劳动的分离,它使之成为现实并把它投射到大地之上。在这种分离中,乡村负责那些不太需要智慧的物质劳动,城市负责那些经过智力高度发展过的劳动,包括行政和指挥的功能。这种对立随着宏大的社会进展而被进一步加深:随着野蛮向文明的过渡,随着部落制度向国家的过渡,随着地域局限性向民族的过渡。这一时刻在历史中既是原初的,又是永久的,它贯穿着"文明的全部历

---

① 马克思、恩格斯:《德意志意识形态》,参看《马克思恩格斯文集》第 1 卷,北京:人民出版社,2009 年,第 556 页。——中译者注

② 从词源上看,法语中的"政治"(politique)一词来源于希腊语中的 politikos,后者具有"属于公民的""属于或适合于政治家的""属于城邦的,属于行政的,关于政治的""公共的,属于公共生活方面的"之意。参看《古希腊语汉语词典》,罗念生、水建馥编,北京:商务印书馆,2004 年,第 700—701 页。——中译者注

史直到现在"①。但这是这段历史的否定的一面,是历史发展所需要的坏的一面。这种分离带来以阶级为划分的人口的分离。这种分离"只有在私有制的范围内才能存在",在土地私有制和货币私有制中,后者替代前者而成为统治的力量。这导致了普遍的异化。个人从属于这种分工,被迫从事着某种工作和忍受着某种状况。他的"人化"(马克思和恩格斯思想之后的一个术语,但在这里找到了理论的意义)被中断了。他退化到前历史的层次上。一方面是"乡村的动物",另一方面是"城市的动物"②,两者都受到了限制。恩格斯和马克思在这里是否想起了那个著名的神话?黑格尔在《精神现象学》的一个同样著名的片段中讨论了抽象的动物:专家们被分工拆解开来,不仅在抽象的层面上,而且在生物学还原的层面上。这两方面并不相互妨碍。人们受到了两方面的限制:在生活上和在意识上,在实践活动上和在创造力上。城市的优势反过来成为自身的对立面。城市动物的利益与郊野动物的利益相对立。他们之间的仇恨和斗争如果不能生产出另一个社会的话,那么这些仇恨和斗争将会徒劳无功。

(3)我们能够而且应当超越城市和乡村的分离,就像分工本身那样(后来,特别是在《大纲》中,马克思讨论了这种超越,他受到了那种不太分化的农业劳动的启发,也受到了傅立叶等乌托邦主义者的启发,傅立叶把农业共同体加以理论化,通过工业劳动和自动化而达到一种更高的意义)。消灭城乡之间的对立"是共同体的首要条件之一"③,也就是说,在所谓的"共产主义"社会中,在经历了历史的发展及其所获得的所有胜利之后,共同体生活才得以回归。这种超越取决于"许多物质前提,单靠意志是不能实现的",尤其是取决于生产力的增长以及新的生

---

① 马克思、恩格斯:《德意志意识形态》,参看《马克思恩格斯文集》第1卷,北京:人民出版社,2009年,第556页。——中译者注

② 马克思、恩格斯:《德意志意识形态》,参看《马克思恩格斯文集》第1卷,北京:人民出版社,2009年,第556页。——中译者注

③ 马克思、恩格斯:《德意志意识形态》,参看《马克思恩格斯文集》第1卷,北京:人民出版社,2009年,第557页。——中译者注

产关系(因此,取决于另一种生产方式和另一种社会)。这种超越并不取决于某种法令或意图。在此方向上存在着一种趋势,这就是历史趋势的方向,整个实践和社会的方向,它将会变得越来越清晰。

因此,城市确实包含着"生产"一词的两重含义。城市本身是一件作品,它也是各种各样的作品的生产场所,是生产的意义之所在:需要和享受。它也是商品的生产、交换和消费的场所。它集中了这些现实和这些生产的方式,一方面是直接的,另一方面是间接的(非直接的)。这个统一体是社会的支撑,它是一种"主体",它使社会具体化并使之拥有历史,而城市本身依然处于抽象和非历史之中。

从这一视角来看,马克思和恩格斯在更高的层面上重新讨论了中世纪城市的问题,为他们的论证提供了更大的力量。城市产生了资产阶级以及最初的无产阶级。为了更好地理解这一点,我们需要对分工进行一番考察。它是由什么组成的?被分隔开来的劳动似乎是相辅相成的,它们的成果也是相互关联的,因为它们彼此之间是必需的。如果一个群体,不管是有组织的还是无组织的,它生产出一些工具,那么这个利用这些工具的群体就必然地与社会联系在一起。因此,似乎通过分工,一个简单的社会被一个更复杂的、更协调的、更"有组织的"社会所取代,涂尔干后来谈到这一点。但马克思认为并非如此。这些成果和"产品"是相辅相成的,但这些被分隔的劳动是相互对立、相互对抗的,它孕育了不平等和冲突。

我们需要考虑的是,在社会生活的第一阶段,在部落社会或集体社会中,劳动在大家庭中是如何——主要是根据年龄和性别——被分隔开来的。当然,这些劳动是相互关联的,它们相互支撑、相辅相成。在少数情况中,它们赋予了女性一种令人尊敬的地位,女性扮演了重要的角色。然而,在我们知道的大多数情况中,女性的地位十分卑微。男性占据统治地位,贬低女性所从事的活动的价值,或者让女性去从事那些低价值的活动。这种功能的不平等引发了性别的斗争,这种状况一直占据了上风,不管人们以任何的理由和原因,在社会的某些背景中去维护性别的统一：感觉、欲望、宗教、道德、习俗等等。因此，性别的不平等及其斗争内在于家庭之中。性别平等是一句空话，是一种空洞的要求，在经济层面上也是如此，它并没有消灭家庭①。是否存在着一些社会的单位，它们可以通过一种合理的方式相互连接起来，而劳动在其中起到了严格意义上的补偿作用？马克思后来认为是有的，并且进一步深化了这一问题：它在企业之中，而且仅仅在企业之中。在那里，**技术分工**占据了上风。在这种分工中，劳动的工具起到了控制的作用，它建立了一种相互依存的秩序。技术分工各有不同，它深刻地来源于社会的划分，以至于哪里有技术分工，哪里就有统一性和互利性、复杂性和互补性。控制功能和生产功能之间的分离是一种社会的事实，而不是一种技术的事实。在资本主义生产方式中，社会分工在市场中形成，它从市场的需要出发，从市场所包含的偶然性出发。而在企业中，并没有出现任何的合理性。在市场中存在着竞争，因而在个人、群体和阶级之间的现实的冲突之后，存在着冲突的可能性。

在一个生产单位中，比如在企业中，存在着工厂与其他企业部门之间的分工，以及在工厂中存在着生产的个人之间的分工。

从这一视角来看，我们可以提出疑问：从中世纪开始，在城市内部是否存在着一种技术分工，它使城市成为一个巨大的企业或工厂，而在乡村中，各个生产单位却处于分散的状态？我们可以在同业公会中找到这种关系，一方面是某种非常不发达的技术分工，一方面是一种强有力的社会划分，它根据市场的需求建立而成。最后，我们可以对同业公会和城市本身之间的分工提出疑问。这是马克思和恩格斯这里所要探讨的事情，但他们总是把劳动的互补性从属于关系整体的冲突特征。

分工与所有制形式联系在一起，它不仅孕育出社会的统一性，而且在这个社会中也孕育出了竞争和冲突。众所周知，这样的一种总体性

---

① 马克思、恩格斯：《德意志意识形态》，参看《马克思恩格斯文集》第 1 卷，北京：人民出版社，2009 年，第 569 页。——中译者注

马克思主义思想与城市

并不会在整体中占据一个固定的位置，或者局限在一种有限的活动之中，而是在诸功能之间加入对立的成分。乡村与城市之间是否相互补充？在某种意义上确实如此，而在另一种意义上，它们之间的斗争是不可避免的；在中世纪，这种斗争是持续的、丰富多样的。受到领主迫害的农奴不断迁徙和涌入有组织的城市之中，这些城市接纳了他们，但也剥削了他们，这就是该冲突的一种经济形式，它的政治形式则是都市的军事力量。城市从农民那里获得衣食补给和原材料（小麦、羊毛等），为了与领主和农民抗衡，城市开始在经济和政治的双重层面上组织和保护自己：同业公会、民兵、公共建筑，等等。这种用来抵御外敌的城市组织，不仅具有城邦所特有的等级制度，而且为了更好的未来而促使了生产劳动方式的形成（当然，当事人并不会马上理解到这一点！）。农奴通过进入都市共同体中而获得解放，但他们并不能保护自己。他们一个接一个地进入城市，因此他们受到了同业公会的师傅和行业首领的支配。这些农奴往往无法熟悉任何一种行业。因此后来出现了由"短工"所组成的平民阶层，他们的劳动按照时间来计算①。

在城市的同业公会（集体的和等级制的）基础上所形成的联盟，在两方面开始不断地增加：在内部，在中世纪城邦之中；在外部，在作为政治实体的城市之间。这种联盟有着各种各样的目的：保护自身的财产和成员，创造更多的生产方式。由于在经济和政治的双重层面上取得不错的效果，这种联盟开始把这两方面紧密地结合起来。它一方面把目标对准城市中的平民，另一方面对准外部的敌人，也就是领主和贵族，当然也包括农民。事实上，平民和"学徒"虽然会起来反对同业公会和市政的秩序，但很少达到暴动的地步，而往往只在同业公会内部搞一些小冲突。"中世纪所有的大规模起义都是从乡村爆发起来的，但是由

---

① 马克思、恩格斯：《德意志意识形态》，参看《马克思恩格斯文集》第 1 卷，北京：人民出版社，2009 年，第 558 页。——中译者注

于农民的分散性以及由此而来的不成熟，这些起义也毫无结果。"①

在这种城市中，存在着货币、商品和市场，也就是说，存在着**资本**。但它为何还不能被称为资本主义？马克思和恩格斯的回答是，虽然这一过程已经相当复杂，但它还保留着自发的和朴素的特征。

城市与乡村之间的（辩证的）冲突并不排除一个特定的统一体。毋宁说，正如在所有辩证的过程中所看到的那样，它们把这一统一体包含于其中。因此它给分析带来了困难：把握统一性与矛盾之间的确切关系，差异在什么时候开始出现，它又在什么时候让位于冲突，冲突在什么时候得到解决（要么孕育出新的差异，要么重新陷入长时间的衰退期，退回到非差异的状态）。**城市的秩序**（L'ordre des villes）创造出自身的一致，而**城市中的秩序**（l'ordre dans les villes）则是属于占统治地位的"资产阶级"和同业公会，他们处于一个反对乡村贵族的统一体之中；他们的生存条件（动产，手工业劳动）在他们割断了封建的联系以前就"潜在地存在着"②；即使人们已经认识到这种差异，他们还是沿用了这种形式。这种形式确切地说是一种秩序（与"阶级"相对应）。在封建的秩序中，阶级的成员关系是隐藏的；正如个人与群体之间的差异、个人生活与其所从属的生活条件之间的差异，也无法通过这样的方式去感受或体验。一切都表现为自发的和朴素的。"贵族总是贵族，平民总是平民，不管他的其他关系如何"，尤其是，不管他有没有钱。这是一种与他的个性不可分割的品质。"有个性的"个人与作为阶级成员的个人之间的差异，只是随着资产阶级社会中的个人相互之间的竞争和斗争的出现而出现。"各个人在资产阶级的统治下被设想得要比先前更自由些，因为他们的生活条件对他们来说是偶然的；事实上，他们当然更

① 马克思、恩格斯：《德意志意识形态》，参看《马克思恩格斯文集》第1卷，北京：人民出版社，2009年，第558页。——中译者注
② 马克思、恩格斯：《德意志意识形态》，参看《马克思恩格斯文集》第1卷，北京：人民出版社，2009年，第572页。——中译者注

不自由,因为他们更加屈从于物的力量"①,用哲学的话来讲,更加被异化。

"这些城市中的资本是自然形成的资本。"它通过继承而组成:住房、工具和主顾。由于交换的不发达、商品和货币流通的不充分,只好父传子,子传孙。这些商品如何变成金钱,变成交换价值?"这种资本和现代资本不同,它不是以货币计算的资本——用货币计算,资本体现为哪一种物品都一样——而是直接同占有者的特定的劳动联系在一起"②,因此它与等级(同时与职业、秩序)联系在一起。

至于分工,它并不存在于单个工人之间。同业公会并不类似于工厂车间。技术分工只有在机器工厂中才会出现。在同业公会内部,每个工人"都必须熟悉全部工序",凡是用他的工具能够做的一切,他必须都会做。在中世纪城市的有限范围内,手工业者的兴趣可以升华为某种有限的艺术感。"中世纪的每一个手工业者对自己的工作都是兢兢业业,安于奴隶般的关系,因而他们对工作的屈从程度远远超过对本身工作漠不关心的现代工人。"③

这里的文本并没有任何浪漫主义的成分。毋宁说,它消除了人们对中世纪过往的浪漫主义的幻想。我们甚至可以提出疑问,马克思和恩格斯在这一点上是否探讨得还不够? 现代工人是否对劳动、对他的工作漠不关心? 他是否把它看作一种谋生手段? 如果这个命题在某种情况下是真的话,那么它在所有情况下都是真的吗? 如果是真的话,那么为什么在"社会主义"思想中,劳动者和劳动的崇高地位会被人们经常地、强有力地提及,为什么劳动者还要依赖于劳动? 马克思和恩格斯在这里以及在别的地方,并没有提及政治的各种状况,也没有提及整体

---

① 马克思、恩格斯:《德意志意识形态》,参看《马克思恩格斯文集》第1卷,北京:人民出版社,2009年,第572页。——中译者注

② 马克思、恩格斯:《德意志意识形态》,参看《马克思恩格斯文集》第1卷,北京:人民出版社,2009年,第558页。——中译者注

③ 马克思、恩格斯:《德意志意识形态》,参看《马克思恩格斯文集》第1卷,北京:人民出版社,2009年,第559页。——中译者注

之中的"社会",提及作为总体性的生产方式。这里关于的是劳动者与劳动之间的直接关系。一种情感的、直接的利益关系已经消失,它让位于一种冷漠。它的原因在于分工,分工内在于生产关系之中,而无需考虑社会的上级机构(上层建筑)。

无论如何(但我们重新发现了这些问题),在中世纪城市中,存在着资本而不存在资本主义,存在着劳动者但不存在无产阶级(虽然在"人民"或平民中有它的萌芽)。因为一方面,这里不存在**抽象资本**,也就是在一种特殊的生产方式框架下的现实化的抽象,另一方面,这里不存在抽象劳动,它既是一般的又是局部的,它对劳动者漠不关心。正如之前所说,我们继续在自然的层面上,在直接的、私人的、紧接的关系上进行探讨。我们还没有迈过某种特定社会的抽象的门槛。

当商业与生产发生分离,当一个特殊的商人阶级出现的时候,我们才开始接近这一门槛。这里包含着每个城邦之间的、在邻近的乡村以外的扩大化的交往,以及新的需求的产生,"取决于交往所及地区内相应的文化水平所决定的比较粗陋或比较发达的需求"[1]。值得注意的是,这段话中是否存在着混乱的、不确定的特征?问题不在于生产力的层面,也就是说不在于狭义的生产,而在于广义的生产。新的需求出现在"方便从事贸易"的地方,随之而来的是新的交往、交通和交通工具。但这些需求从何而来?它的原因何在,为何如此?

总之,在城市与土地及其所有者、农村共同体和封建领主以及它们之间的直接关系的多方面的斗争,并没有剪断它们之间的脐带。人类通过联合的方式与自然相对抗,人类使自然得以延伸并且逐步控制自然,在此过程中,中世纪城市代表着一个节点,占据着至关重要的位置。它不再属于"自然",但它依然是自然的一部分。人类被引入这种抽象关系中(这种抽象在实践上通过金钱的力量和分工的力量得以实现),

---

① 马克思、恩格斯:《德意志意识形态》,参看《马克思恩格斯文集》第1卷,北京:人民出版社,2009年,第559页。——中译者注

马克思主义思想与城市

它们的需求被人为地制造出来,然而人类却远远无法从中解放出来(其中包含着多个"否定"的方面)。资本主义正在靠近,却尚未到来。人类与中世纪的城市一同处于一个准备的阶段之中:原始积累、财富的积累、技术的积累、劳动力的积累、市场的积累、地方和领土的积累、交往的积累等等。马克思这里还没有很好地解释清楚**积累**(accumulation)的概念,但它已经开始出现了,并逐渐向我们靠近。正如这里所说的那样,城市占据了至关重要的地位。

恩格斯和马克思在这里强调了中世纪城市的非常突出的联合能力。这些联盟(主要是同业公会)在城市中出现并且一直维持下去,时而与平民对抗,时而与农民对抗,时而与封建领主对抗,但常常是与所有这些同伴和对手进行对抗。这种能力延伸到外部,延伸到其他城市,尤其是当商人成为"特殊阶级"的时候。因此城市之间不再相互孤立,而是建立起彼此的联系。随后在各城市之间产生了分工,"每一个城市都设立一个占优势的工业部门"①。显然,这里出现了一种受市场及其扩张所控制的**社会分工**。

这些都市的联盟引起了重大的后果。在交往的路线上,不仅存在着产品的交换,而且伴随着知识、技术和各种各样的发明的交换。一场战争或入侵并不足以使一个具有发达生产力和有高度需求的国家陷入一切都必须从头开始的境地。"只有当交往成为世界交往时,保持已创造出来的生产力才有了保障"②,而中世纪的都市联盟将是这条道路上的一个关键阶段。

这里产生的第一个后果是:工场手工业的诞生,以及中世纪城市内部的同业公会体系的断裂。工场手工业需要一系列的条件,首先是在技术上、知识上和在扩大化的市场上,而后来特别需要的是人口和资本

---

① 马克思、恩格斯:《德意志意识形态》,参看《马克思恩格斯文集》第 1 卷,北京:人民出版社,2009 年,第 559 页。——中译者注

② 马克思、恩格斯:《德意志意识形态》,参看《马克思恩格斯文集》第 1 卷,北京:人民出版社,2009 年,第 560 页。——中译者注

的集中。手工业是如何诞生的，它从何而来？与我们设想的相反，它并不诞生在**现有的**城市中，尽管它需要那些通过城市而实现的以及在城市中实现了的条件。在马克思和恩格斯看来，它来自"城乡"关系，而不是来自其中单独的一方。城市中的手工业者由于受到了同业公会规则的严格约束，只能掌握一定范围内的工具；木匠、细木工匠和鞋匠能够熟练地使用他们的工具，就像石匠或铁匠能够熟练地锻造武器那样。他们都没有使用**机器**。而在乡村里的农民，他们在从事纺织的过程中却使用了一种简陋的、但技术上得以实现的机器。新生的资本主义控制了这种技术，并且促使这种纺织技术与它的创始人联合起来。根据扩大化的贸易关系、紧张的需求、原始资本的不断积累和流通，纺织成为主要的工场手工业的活动，并且在很长时间内依然如此。因此在城市之外，在以纺织为生的村民周围出现了一个由纺织工人组成的阶级，他们的产品被贩卖到市场之上（在城市之内或之外）。在这些小村落中，由于同业公会的组织无法阻止这种生产力的扩张，纺织业产生了巨大的财富，以至于许多这样的小村落变为城市，而且是最繁荣的城市。工场手工业因而摆脱了同业公会的束缚，增加了可用资本的总额。"工场手工业还成了农民摆脱那些不雇用他们或付给他们极低报酬的行会的避难所，就像行会城市过去曾是农民摆脱土地占有者的避难所一样。"[①]因此，"城乡"关系发生了变化，正如"雇主和工人"之间的关系发生了变化一样，在乡村和小城市中仍然带有宗法的色彩，但是在工场手工业城市中，这种关系已经变成了金钱的关系。

因此，中世纪城市及其同业公会的体系开始瓦解和被取代。"城乡"之间的冲突关系产生了新的事物。这是什么？几乎在同时，资本主义和世界市场、民族和国家、资产阶级和无产阶级也开始出现。当然，这一宏大的进程不仅需要这场内在于"城乡"之间的辩证关系的运动，

---

① 马克思、恩格斯：《德意志意识形态》，参看《马克思恩格斯文集》第1卷，北京：人民出版社，2009年，第561页。——中译者注

而且还需要许多其他的元素和条件。譬如美洲大陆的发现,开往印度的海上航线,黄金的进口与殖民化,征服者的冒险与国家采取的对工场手工业利益的保护措施,竞争与限制。在这些混乱的环境中,"商业城市,特别是沿海城市已达到了一定的文明程度,并带有大资产阶级性质,而在工厂城市里仍然是小资产阶级势力占统治"①。这些事件主要发生在 18 世纪。

这里我们不需要去探寻资本主义的理论起源,它并不会给我们带来什么新奇之处(因为在该著作中,关于费尔巴哈和德国"批判"哲学是当务之急)。当然,问题在于历史唯物主义,它作为意识形态的瓦解,因而也是哲学的瓦解和官方政治经济学的瓦解。然而,资本主义在概念与范畴中的起源,比如分工和城乡关系,这种理论起源是否与历史相一致? 这种理论起源与不可否认的历史事实结合在一起,而这些历史事实揭示出这些概念所孕育出来的抽象组织。这就给我们提出了新的问题。我们应该假设他们在后面的著作中,包括在《资本论》中,对这些问题作出回答或试图作出回答。

至于城市,对马克思和恩格斯而言,它扮演着一个决定性的历史角色,但它需要超越自身。它的联合能力作为这场运动的一部分,使城市与乡村重新联系在一起(使城市对立于乡村),孕育出一个走向大工业的过程。

大工业使竞争变得普遍,使所有资本转变为工业资本,促进了资本的流通和集中。"大工业通过普遍的竞争迫使所有个人的全部精力处于高度紧张状态。它尽可能地消灭意识形态、宗教、道德等等,而在它无法做到这一点的地方,它就把它们变成赤裸裸的谎言。它首次开创了世界历史,因为它使每个文明国家以及这些国家中的每一个人的需要的满足都依赖于整个世界,因为它消灭了各国以往自然形成的闭关

---

① 马克思、恩格斯:《德意志意识形态》,参看《马克思恩格斯文集》第 1 卷,北京:人民出版社,2009 年,第 564 页。——中译者注

自守的状态。"①换言之,大工业把自然形成的性质一概消灭掉,它的力量不受限制地侵入自然之中,并产生了新的问题。(充满矛盾地)相互联合在一起的"人类",它与它的起源之间的脐带是否最终割裂开来?大工业使科学和自然从属于资本,"并使分工丧失了自己自然形成的性质的最后一点假象";它还成功地消解掉所有自然形成的关系并使其转变成为货币的关系。"它建立了现代的大工业城市——它们的出现如雨后春笋——来代替自然形成的城市。"②这个从自然中借用过来的比喻,呈现自然所遭受的破坏。

城市的联合能力孕育了这一过程,城市只有通过这一过程才能超越自身,它也破坏了自身最初的自然性,这种能力从何而来?答案在于**生产关系**,不在于生产力本身,不在于上层建筑(宗教、伦理等)和意识形态,也不在于封建的"生产方式"本身。

事实上,这种能力表现为一种破坏性的矛盾,它内在于中世纪的社会之中;这种"生产方式",它成功地建立起自身的功能和结构,能够被理论思想设想为一个整体,包含着一种**等级化**(既是严格的,又是多样的:秩序、贵族、教士),这种等级化一方面利用了这些冲突的关系(农民与领主之间、领主与资产阶级之间、王子与国王之间、新生国家与"主体"之间等等),另一方面又压制了这些关系。"城乡"关系抵抗这种压制,并因此促使一种强大的社会政治建筑开始倒塌。城市中的这种联合的特性蔓延到了乡村,孕育出各种超越自身的新形式。它在与封建制的等级化的斗争中,在无止境的冲突(农民与领主的冲突,以及其他冲突)中取得了胜利。这种生产方式作为一种总体性,包含了一种本质的或基本的矛盾,它具有消解性或破坏性,但富有动力,因为它集中和解决了其他的冲突。这一矛盾要比最初的那种矛盾——农奴与封建

---

① 马克思、恩格斯:《德意志意识形态》,参看《马克思恩格斯文集》第 1 卷,北京:人民出版社,2009 年,第 566 页。——中译者注

② 马克思、恩格斯:《德意志意识形态》,参看《马克思恩格斯文集》第 1 卷,北京:人民出版社,2009 年,第 566 页。——中译者注

马克思主义思想与城市

主,农民与领主——更加强烈。

对于恩格斯和马克思而言,随着大工业的出现,城市(及其内在的、外在的联合能力,集中和集合能力)不再是历史过程的"主体"。他们过渡到资本主义之中,从别的角度提出主体的问题(或许使之消失),在那里城市是一种社会支柱和载体。

关于城市的讨论是否到此为止? 不,恰恰相反。在这一过程所产生的经济和社会背景中,在资本主义生产方式内部,城市依然存在:工业城市、商业城市、政治城市。在世界范围内,"城乡"关系消失了吗? 当然没有。城市到底发生了什么变化? 我们后面会回到这一问题。现在,在我们所研究的《德意志意识形态》中,恩格斯和马克思仅仅定下了一种基调。他们的主张并非没有其重要性和意义,虽然在有些地方显得比较生硬。问题恰恰在于**城市的终结**。这是他们探讨的许多种终结中的一个! ……

大工业带来了一种**自成一体**的经济。资本主义的特征是经济占据统治的地位,因此,分工、竞争以及市场和生产力的需求成为强制性的因素。工业的力量影响着个人、工人和整个社会。这一过程使经济脱离于社会,使政治得以建立并且维持这种分离,这一过程可以追溯到很久以前。在今天我们应当如何消灭这种自成一体的经济? 当然是必须消灭私有制,但这并不是唯一的条件。还必须消灭分工,并且使这种政治的制度消失。必须在实践的、**联合**的基础上建立一种"公共的经济"(不仅在意识形态基础上,而且就像在宗教秩序里面那样)。但这场革命一方面以同时消灭城市和乡村为条件,另一方面,在都市组合的过程中所产生的事物普及化,人们建立起公共的房舍,包括那些具有特殊目的的建筑(兵营、监狱等①)。

在 1845 年,恩格斯和马克思一方面把城市看作他们所设想的新社

---

① 马克思、恩格斯:《德意志意识形态》,参看《马克思恩格斯文集》第 1 卷,北京:人民出版社,2009 年,第 569 页。——中译者注

会的障碍,另一方面又把城市看作新社会的原型,这一矛盾难道不值得我们注意吗? 而且这是一个非常具体的方面。在都市背景下,生产力的使用——水、光照、蒸汽供暖——指明了一条通向共同体组织的道路。这不只是关乎家庭的经济。"不言而喻,消灭单个分开的经济是和消灭家庭分不开的。"①这里所说的"不言而喻"值得我们注意。政治经济学批判在最终的意义上,将对国家、家庭、宗教、哲学、意识形态等的彻底的批判重新结合在一起。而至于城市的作用,它始终是模糊的、矛盾的:城市(la ville)将会终结,而"都市"(l'urbain)则可能在世界范围内得以提升、建立或修复。

奇怪的是,马克思和恩格斯并没有把城市看作一系列意识形态和知识形式——理性与合理性、科学与科学性、哲学与思辨——的诞生地、社会背景和条件。在关于意识形态的论述中,在这一关键点上,他们只停留在一些零散的观察上。城市的理论的、意识形态的能力是否低于它的联合能力,低于它作为交汇点和集中点所产生的影响? 同样奇怪的是,在《德意志意识形态》的关于施蒂纳的上百页篇幅中,他们几乎没有提及这一社会背景和条件。这毫无疑问是因为施蒂纳在《唯一者及其所有物》中对此主体并不关注。唯一者在某种绝对中展开,而这种绝对不管是好还是坏,它仅仅与历史联系在一起:与它自身的历史联系在一起,这种历史与它的"经验"条件没有什么共同之处。唯一者——施蒂纳式的个人——并不拥有都市的所有物。

对马克思和恩格斯而言,这种强大的压抑的力量无处不在,它深入意识之中,使人相信它能获得自身的解放——在施蒂纳那里如此,在其他人那里也是如此——它在一个长期的、艰难的运动过程中,用自由的能力去取代奴役的力量,进而能够而且应当消灭自身。如果存在着一种飞跃,那么它不是在那里,而是在现实中。施蒂纳所说的那些条件是

---

① 马克思、恩格斯:《德意志意识形态》,参看《马克思恩格斯文集》第 1 卷,北京:人民出版社,2009 年,第 569 页。——中译者注

　　　　　　　　　　　　　　　马克思主义思想与城市

无法实现的,"一切或无""一切和立刻"是最荒谬的地方。消灭分工意味着超越分工,而不是否认它或退回到过去,退回到原始,也就是说一种缺乏定义、组织、制度和结构的家庭共同体,即退回到家庭之中!一种无家庭的家庭,一种无共同体的共产主义,向前都市规划的社会的回归,这就是施蒂纳计划的特征(参见《德意志意识形态》,以及批评空想社会主义的、关于傅立叶的片段)。

随着《哲学的贫困》(*Misère de la philosophie*,1847)的出版,所谓的"马克思主义"理论向前迈出了一大步[①]。这一次马克思向蒲鲁东提出了批评,并且在蒲鲁东那里找到了一系列关于分工和辩证法的误解和错误。蒲鲁东认为自己是一位方法论上的辩证学家,把事物和人区分为"好的方面"和"坏的方面"。在当代社会中,他只接受好的方面而拒绝坏的方面。然而"正是坏的方面引起斗争,产生形成历史的运动"[②]。如果在封建时代有经济学家的话,他们将会充满热情地看到骑士的德行,看到权利和义务之间美妙的协调,看到城市中的宗法式的生活,看到乡村中家庭工业的繁荣,看到通过各同业公会、行会和商会组织起来的都市工业的发展。他们抱定目的要消除这幅图画上的一切阴暗面:农奴制度、(贵族的、教士的以及新生资产阶级的)特权、无政府状态。那么结果会怎样呢?"引起斗争的一切因素就会灭绝,资产阶级的发展在萌芽时就会被窒息。"[③]

马克思写道,从根本上说,搬运夫和哲学家之间的差别要比家犬和猎犬之间的差别小得多,"他们之间的鸿沟是分工掘成的"[④]。蒲鲁东

---

① 由此处开始列斐伏尔结束了对《德意志意识形态》的研究,转入对《哲学的贫困》的研究。——中译者注

② Karl Marx, *The Poverty of Philosophy* (New York: International Publishers, 1992), 89.——英译者注。马克思:《哲学的贫困》,参看《马克思恩格斯文集》第 1 卷,北京:人民出版社,2009 年,第 613 页。——中译者注

③ 马克思:《哲学的贫困》,参看《马克思恩格斯文集》第 1 卷,北京:人民出版社,2009 年,第 613 页。——中译者注

④ 马克思:《哲学的贫困》,参看《马克思恩格斯文集》第 1 卷,北京:人民出版社,2009 年,第 619 页。——中译者注

在分工中看到了好的方面和坏的方面。他指责经济学家们只强调分工的有益方面,而他要指出它的有害方面。但他根本不理解分工。他从最小的方面入手,从工厂或单独的工人的维度上,或者仅仅从"分"字的含义上去理解分工。他遗漏了它的总体的方面,尤其是城市与乡村之间的分离。"如果把事物归结为蒲鲁东先生的范畴,那未免把这些事物看得太简单了。历史的进程并非是那样绝对的。德国为了实现城乡分离这第一次大分工,整整用了三个世纪。城乡关系一改变,整个社会也跟着改变……市场的大小和它的面貌所赋予各个不同时代的分工的面貌和性质,单从一个'**分**'字,从观念、范畴中是很难推论出来的。"①

蒲鲁东的含混之处在于他对**技术分工**和**社会分工**的一种抽象的、重言式的区分。他混淆了机器和工厂,并把它们归入社会的范畴。对蒲鲁东而言,机器是分工的逻辑反题,他用自己的辩证法一开始便把机器变成工厂。"为了从分工中推论出贫困,蒲鲁东先生假设了现代工厂;接着他又假设由分工产生的贫困,以便得出工厂并且可以把工厂看做这种贫困的辩证的否定。"②马克思写道,"真是绝妙的辩证法",马克思反驳了这种观点并且对这种方法提出怀疑。

"机器正像拖犁的牛一样,并不是一个经济范畴。机器只是一种生产力。以应用机器为基础的现代工厂才是社会生产关系,才是经济范畴。"③蒲鲁东的这种误解产生了严重的后果。"社会作为一个整体和工厂的内部结构有共同的特点,这就是社会也有它的分工。如果我们以现代工厂中的分工为典型,把它运用于整个社会,那么我们就会看到,为了生产财富而组织得最完善的社会,毫无疑问只应当有一个起指挥作用的企业主按照预先制定的规则将工作分配给共同体的各个成

---

① 马克思:《哲学的贫困》,参看《马克思恩格斯文集》第1卷,北京:人民出版社,2009年,第618页。——中译者注

② 马克思:《哲学的贫困》,参看《马克思恩格斯文集》第1卷,北京:人民出版社,2009年,第621—622页。——中译者注

③ 马克思:《哲学的贫困》,参看《马克思恩格斯文集》第1卷,北京:人民出版社,2009年,第622页。——中译者注

员。可是,实际上情况却完全不是这样。当现代工厂中的分工由企业主的权威详细规定的时候,现代社会要进行劳动分配,除了自由竞争之外没有别的规则、别的权威可言。"①

这一段落尤其值得我们注意。我们暂且将马克思在批评蒲鲁东的论述中的一部分恶意放在一边,马克思斥责了蒲鲁东的学说中的某些内涵,对此,蒲鲁东也会奋力反击。对马克思而言,相比于意图与主观性,内涵与推论更为重要。而事实上蒲鲁东并没有被这种攻击所击倒。在今天看来,蒲鲁东与施蒂纳一样,在理论上并非一无是处。重要的是,马克思指出了后来即将出现的那个**计划**,它在竞争的转变过程中、在资本主义社会中出现,并同时产生了一种社会主义和新资本主义的模式。把整个社会看作一个工厂,区分社会分工和技术分工,并因而组织起财富的生产,使社会成员(阶级以及社会群体)服从于一种先在的规则,这种看法首先是一种卓越的想象,然后是一种程序,它通过一种"历史与描述的"方法论来验证,马克思讽刺地提到了这一点。

这一计划会遭遇到什么样的困难?这就是社会矛盾(双重的:内在—外在的)。不管是在今天还是在马克思的时代都是如此,而这就是马克思所作的分析。市场,尤其是世界市场,它和它的需求与法则一样不能被简化为企业组织(工厂组织)。同样,城市与乡村,以及它们之间的分离与冲突也是如此。只有意识形态才能在重言式的意义上,把"分"字区分为技术分工和社会分工,或者简单地把两者作类比。然而两者是不同的,只要分工还没有被克服,它们之间的冲突就无法避免。

但这种简化并不能克服分工。相反,分工在不断地加深。蒲鲁东认为工厂能够把机器集合起来,能够通过技术消灭分工。这是十分严重的错误!机器是工具的集合,它并不完全是工人的劳动的结合。"简

---

① 马克思:《哲学的贫困》,参看《马克思恩格斯文集》第 1 卷,北京:人民出版社,2009 年,第 624 页。——中译者注

单的工具，工具的积累，合成的工具；仅仅由人作为动力，即由人推动合成的工具，由自然力推动这些工具；机器；有一个发动机的机器体系；有自动发动机的机器体系——这就是机器发展的进程"①，马克思这里引用了拜比吉②的话，他是一位先进的机械论理论家。机器的意义和目的在于全面的自动体系（automatisme）。但这里依然存在着矛盾。在自动体系的道路上，工人们遭受着痛苦，无产阶级反抗这种"自动装置的统治"③。但最后的出路和解决方法来自最坏的方面：极度的分工，技术和市场强迫下的碎片化的劳动，竞争和垄断。如何终结这种难以忍受的分工？通过终结劳动，通过非劳动！

　　马克思回到这些假设之中并把它们推向结论，也就是说推向一种理论概念的阐释，他后来在《大纲》中写道，自然界没有造出任何机器或自动装置（dispositifs automatiques）（这个说法有点极端，在今天，人们会对此持保留意见）。自动装置是人类思想和意志的产物，它被运用在自然之上，被运用到自然之中。而且，它们是由人的手创造出来的"人脑的器官"，是"对象化的知识力量"。它们的存在证明了社会知识和一般知识已经在多大程度上变成了**直接的生产力**，从而社会生活过程的条件本身在多大的程度上"受到一般智力的控制"。在此层面上，社会生产力不仅是根据精确的方案，即根据知识的方案而被生产出来，进而投入实践之中；而且，它是"社会实践的直接器官"④。

　　科学分析和机械规律、化学规律的应用，使那些原本由工人完成的劳动得以自动完成。只有在大工业已经达到较高的阶段，"一切科学都

---

　　①　马克思：《哲学的贫困》，参看《马克思恩格斯文集》第 1 卷，北京：人民出版社，2009 年，第 626 页。——中译者注

　　②　查理·拜比吉（Charles Babbage，1792—1871），英国数学家、力学家与资产阶级经济学家。马克思引用的是他的代表作《论机器和工厂的节约》。——中译者注

　　③　马克思：《哲学的贫困》，参看《马克思恩格斯文集》第 1 卷，北京：人民出版社，2009 年，第 628 页。——中译者注

　　④　马克思：《1857—58 年经济学手稿》，参看《马克思恩格斯全集》第 2 版第 31 卷，北京：人民出版社，1998 年，第 102 页。——中译者注

被用来为资本服务",现有的机器提供着巨大的可能性的时候,这种情况才会出现。因此,科学在生产上的应用是决定性的。但是,这并不是这种发展所经过的道路。**这条道路是通过分解**,也就是说通过**分工**来实现,这种分工用机械体系来取代劳动,因为劳动已经转变为机械体系。"过去是活的工人的活动,现在成了机器的活动"①,所以,被资本所吸收的劳动突然间与工人对立起来了。**自动体系**不过是机械体系的完成形态。"它是由自动机,由一种自行运转的动力推动的,这种自动机是由许多机械器官和智能器官组成的",劳动资料就其使用价值来说,转化为一种与**资本一般**相适合的存在②。"而劳动资料作为直接的劳动资料加入资本生产过程时所具有的那种形式消失了,变成了由资本本身规定的并与资本相适应的形式。"③在工人与对象之间,机器不再起中介作用;相反,工人的活动不再是介入工具的使用,而是介入工具。机器具有技能和力量,它本身就是"能工巧匠",它通过在自身中发生作用的规律而具有自己的灵魂!科学驱使机器肢体有目的地作为自动机来运作,这种科学并不存在于工人的意识中;从此,剥削(资本对对象化的活劳动的占有)作为生产过程本身的特征表现在自动化生产之中。这一过程直接地、立即地表现为统治劳动的力量,融入资本的发展过程之中。对必要劳动的"最大限度的否定",是资本的必然趋势,它使自动装置得以实现(在其中,活生生的工人不过是分散的点而已)。而且,规模巨大的生产可能会使产品同生产的直接需要的任何联系消失,从而使其与直接使用价值的任何联系消失。知识和技能的积累,"社会

---

① 马克思:《1857—58 年经济学手稿》,参看《马克思恩格斯全集》第 2 版第 31 卷,北京:人民出版社,1998 年,第 99 页。——中译者注

② 马克思:《1857—58 年经济学手稿》,参看《马克思恩格斯全集》第 2 版第 31 卷,北京:人民出版社,1998 年,第 90 页。——中译者注

③ Karl Marx, *Grundrisse*, trans. Martin Nicolaus (London: Penguin Books, 1973), 692.——英译者注。马克思:《1857—58 年经济学手稿》,参看《马克思恩格斯全集》第 2 版第 31 卷,北京:人民出版社,1998 年,第 90 页。——中译者注

智力的一般生产力的积累",表现为**资本的属性**①。

马克思这里展现了前所未有的理论能力。它的影响在一个世纪之后才展现出来,他的预言在我们眼前实现,它出乎我们的意料之外,并且带来了新的问题。

如果我们参考上述《德意志意识形态》的文本,并假设它们之间存在着相关性,那么我们就能形成一幅马克思的总体革命的图景。这种总体革命无法准确地在伦理学或美学上进行定义。自动装置有着惊人的生产力,使丰裕代替了古代的稀缺,而不考虑人口、需求和欲望等因素。从集体生活方式的旧有限制中脱离出来的共同体,控制了这些生产力(对它们加以修复和使用)。在何种背景下?这是在都市的背景下,而都市背景本身是从过去"城市"内部的限制和界限中解放出来的。这种社会共同体中的成员或共同体组织,他们建立了城市并发现他们脱离于过去劳动所带来的一切义务和约束。他们投身于非劳动。他们通过自己所从事的活动,尤其是知识(科学)活动,形成"社会的头脑"并以此支配物质器官(自动装置),这种活动无法与劳动相提并论。值得注意的是,这种活动和它的结果都不能根据时间单位来衡量。非劳动取代了劳动。

我们是否完全处于科幻小说之中?还是完全处于乌托邦之中?如果是的话,如何到达最后的阶段?资本主义产生和垄断了这些装置和巨大的生产力,一方面使之与工人融为一体,另一方面使工人阶级分散开来,我们该如何控制这些装置和生产力?我们的战场在哪里?当手段变成了目的,而目的不再是手段的时候,政治变迁是否足以作出惊人的颠覆,把世界颠倒过来?

---

① *Grundrisse*, traduction Dangeville, Anthropos, 1968, t. II, pp. 210 et sq(马克思:《1857—58 年经济学手稿》,参看《马克思恩格斯全集》第 2 版第 31 卷,北京:人民出版社,1998 年,第 92—93 页。——中译者注). Et P. Naville, *Vers l'automatisme social*, Gallimard, 1963, pp. 242 et sq. ——原注

具有讽刺意味的是,我们本来可以把这种哲学词汇的意义转换为其他目标,把革命时代的马克思主义概念命名为"各种终结的统治"(règne des fins)①。这一时代由各种"终结"的时刻表构成:宗教的终结、哲学的终结、意识形态的终结、国家的终结、政治的终结等等。在这份宏大的列表上,我们可以加上劳动的终结和城市的终结。劳动不是在闲暇中终结,而是在非劳动中终结。城市不是在乡村中终结,而是在乡村与城市的共同超越中终结。这就为理论的想象、投射和预测留下了空间。非劳动与非城市是如何构成的?为了回答这一问题,我们只能向后回溯,一方面回到创造性的活动(艺术)之中,另一方面回到"都市"的分析,也就是回到交汇、集合、中心与中心偏移的活动之中。然而,人们总是回应道,超越劳动与超越城市在过往的词义上将不会再有共同之处。但如果在科幻小说中呢?在乌托邦中呢?或许有可能,但马克思总会给我们带来惊奇。他总会在某个地方等待着我们。没有什么比自动体系的概念更具有实证的意义了。它在前进。它"环绕"着我们,正如我们所说,它隐藏在自然环境及其终结(各种"终结"中的一个,它也已经"实现"了)之下。乌托邦在哪里?它萦绕在现实的深处。"现实"在哪里?在可能性之中吗?毫无疑问是的。但什么是可能的,什么是不可能的?

如果自动装置侵入街道、纪念碑和房屋中,将会产生什么样的后果?如果机械元素与智力的联合侵入智力本身之中,成为"人类"的一部分呢?如果它们吸收和整合了工人的力量,使这个"工人阶级"瓦解,并且吸收了那些无能力恢复或宣告自己的"使用价值"的使用者呢?在各种终结之后,我们需要加上"使用价值"的终结吗?如何控制这一新

---

① H. Lefebvre, *La Fin de l'Histoire*, Édit. de Minuit, 1970, pp. 42 et sq.——原注

的怪物,新的利维坦,新的魔像①(Golem)? 我们该试图与之和解,还是与它针锋相对?

如果我们跟随马克思的思路,那么最终的冲突将会发生在政治经济学和市民社会的交汇处。

---

① 魔像(Golem,直接音译为戈仑)源起于犹太教,是用巫术灌注黏土而产生自由行动的人偶。而在旧约圣经中它所代表的是未成形或是没有灵魂的躯体。——中译者注

第三章　政治经济学批判

　　无论是过去还是现在，都存在着一条通往马克思思想的路线。对马克思而言，这是一条穿越重重困难而开辟出来的道路。但这条著名的道路逐渐地转变为一条康庄大道，进而变成一条可供游览观光的高速公路。我们曾经以步行、骑马和驾车的方式重走了这条路，而现在是按照导游所公布的线路而行走。在这条高速公路上，有着设备齐全的枢纽站和汽车旅馆，也有危险的地方。然而出人意料的是，人们依然还可以在这里发现惊奇之处，这近乎探险，它并非远在天边，而是存在于境况之中，存在于"环境"之中，存在于地平线之中……

　　什么时候人们才能意识到，《资本论》的副标题"政治经济学批判"应当**从字面上去理解**？在长达半个世纪的时间里，人们不管这个副标题的含义，而把《资本论》看作一部经济学的论著。在此之后，人们又把它解释为一种对**资产阶级**政治经济学的批判，并且它包含着一种所谓的"社会主义"政治经济学的前提。然而，它应当被看作一种对**全部政治经济学**的批判：批判经济作为一种"孤立的存在"，批判碎片化的科学转变为强制性的机器，批判那种"学科"，它把那些短暂的、特定的关系确定并提升为所谓的科学的"真理"。同样，马克思主义对国家的批判并不限于人们对黑格尔意义上的国家和资产阶级国家的争论，而是包括民主国家和社会主义国家在内：所有（作为权力而存在的）国家。

　　在 1848 年和 1867 年之间，在将近二十年的时间里，马克思着手准备他的这部伟大的著作——《资本论》。但他并不满足于收集材料、引文和数据。他发现他面临着许多理论的困难。首先是方法论的问题，在与蒲鲁东及其黑格尔主义进行了一场论战之后，马克思对辩证法产生了怀疑，并且在十年之后才回到辩证法上来。而至于他主要的理论观点，即剩余价值的概念和理论，马克思还在慢慢地进行勾画。最后而且最重要的是，在我看来，马克思错误地定位了政治经济学，把它看作对所谓的经济现实与其政治关联的研究，并且错误地把自己与这种研究联系在一起。

值得庆幸的是，在经历了漫长的时间和这段决定性的时期之后，相对于马克思本人在开辟这条道路的时候而言，马克思主义的总问题式在今天更加清楚地表达出来了。

我们现在可以**重新追溯**这条路径，因为最新的出版物提供了对照的可能性①，也因为我们与那些时而照本宣科、时而症候阅读的注解、评论和解释保持一定的距离。这一系列截然不同的、集中化的、发散式的解释，给予了我们一种奇怪的理论经验。而通过清理这种经院式的堆积物，我们能够获得某种程度的自由，从而找到新的发现。

我们试图证明，在马克思看来，封建的生产方式的解体（dissolution）及其向资本主义的过渡归因于并且依附于一个**主体**：城市。城市破坏了中世纪的（封建的）系统，并同时超越了自身：通过转变为资本主义的**生产关系**（毫无疑问地出现在人们眼前），进入另一种**生产方式**之中，即资本主义。从城市的视角来看，一切都变得清晰明朗了，并且在很长一段时间里都依然如此。我们没有必要在主体和系统之间作出抉择，因为城市是一个"主体"，是一种结构紧密的力量，是一个局部的系统，它向整个系统发起攻击，它既证明了整个系统的存在，又将整个系统摧毁。然而在这里，主体和系统同时失去了支撑。如果存在着系统，那么它在什么时候形成？根据这种新的生产关系，我们什

---

① 尤其是整个《大纲》的编辑和翻译出版，同前文所引（由 Anthropos 出版社出版）。而《〈政治经济学批判〉导言》（换言之，《大纲》的导言）以及一些对我们的研究起到重要作用的文本，已经为人所知。——原注

么时候才能确定这就是资本主义,是清楚的、系统化的资本主义呢?此外,**什么事物**在起作用?什么是社会的**载体**和导体,它首先是这种转变发生的介质,然后又构成或建立了整个系统?

《〈政治经济学批判〉导言》(*L'Introduction générale à la critique de l'économie politique*,1857)展现了马克思的这些迟疑①。我们可以说,主体问题仅仅表现为古典哲学所留下的一种残余,马克思的思想开始从这种陈旧的语言出发去寻找新的语言。它不完全是错的。在一系列有关语言的评论中,马克思所插入的关于"主体"和"客体"的问题证明了这一点。但事情并不仅仅如此。主体的问题已经与**生产**的问题联系在一起。**生产一般**是一个抽象,但它是一个合理的抽象,"因为它真正把一切时代的共同点提出来,定下来"。"对生产一般适用的种种规定所以要抽出来,也正是为了不致因为有了统一(主体是人,客体是自然,这总是一样的,这里已经出现了统一)而忘记本质的差别。"②因此,主体和客体的问题与生产关系和生产方式的特殊性联系在一起。"生产始终是一定的社会体即社会的主体。"③但如果我们停留在这个抽象的层面上,而不是借助生产去研究**生产力**(productivité)与那些具体上和实际上能够触及的层面,那么我们将会走向一种同义反复:财富一般产生于那些客体和主体的元素。因而,我们就会把那些差别融化在"一般人类规律之中"④。因此,这就产生了巨大的诱惑,尤其是对哲学家而言,他们从语言哲学出发,把"人类"看作主体。一旦我们抓住一个具体的、实践的和历史的存在,来作为我们的载体和中介,我们就可以避

---

① 由此处开始列斐伏尔进入对马克思《1857—58 年经济学手稿》的导言的研究。——中译者注

② 马克思:《1857—58 年经济学手稿》,参看《马克思恩格斯全集》第 2 版第 30 卷,北京:人民出版社,1995 年,第 26 页。——中译者注

③ 马克思:《1857—58 年经济学手稿》,参看《马克思恩格斯全集》第 2 版第 30 卷,北京:人民出版社,1995 年,第 27 页。——中译者注

④ 马克思:《1857—58 年经济学手稿》,参看《马克思恩格斯全集》第 2 版第 30 卷,北京:人民出版社,1995 年,第 28 页。——中译者注

免这一错误:这个存在就是城市。

此处的困难在于,存在着许多关系、层次、形式和功能,以及它们的全部内容应当而且必须构成一个整体。尤其是生产与消费、需要与满足需要的方式必须成为一个整体,使之能获得某种联系性或结构性。我们可以继续往前走,或者毋宁说,从**主体**跳跃到**系统**。但这并不能解决困难。如果我们不是用"人类"而是用"社会"作为主体呢? 这是错误路径,它依然是哲学的和思辨的,因为它回避了生产关系,回避了生产如何"在主体上和客体上产生出"消费与消费者、需要与满足需要的对象、交换与交换物的问题。如果我们考虑**系统**的话,那么它又归因于什么事物? 如何首先在理论上,然后在实践上抨击它的结构性? 在这个有机的整体中,什么东西支配着这些因素之间的相互作用的过程? 我们无法找到一个可被攻击的个人。主体太过于个人了,而系统则是非个人的。如果说主体确保自己能够承受责难,确保一种意识、思想的在场,进而确保一种责任(或多或少受到一种理论知识不在场的限制),那么系统则保证了联系性、合理性和统一性。在后一种角度(即"体系"——中译者注)中,我们马上走向一种同义反复(比如在说明生产与消费的内在关系的时候)和类比(比如在比较各个社会和历史时代的时候),两者都消除了各种差别。如果我们必须作出选择,该如何抉择? 难道不应该寻找另一条道路,从而避免在主体与系统之间作抉择的困境吗?

为了避免这个困境和解决这些矛盾,我们所设想的(像马克思本人那样)那个"历史"的概念能否做到这一点? 我对此表示怀疑。实际上,我们知道,只有当历史被人格化的时候,它才能成为一个"主体",要么是以神学家的方式(天意),要么是以形而上学家的方式(精神、观念)。它也难以成为一个系统,因为这就需要假设一个真理或先天的逻辑,它依然属于神学或形而上学。

关于生产、消费以及它们的关系问题,过去的提法是:"谁在生产,为谁而生产?"而在下文中,问题的提法有所不同:"什么是生产

(produire)？如何生产，为何生产？为何以及如何生产得更多？"

关于生产，我们知道此概念可以从两重含义上去理解。这里并没有什么让人惊讶的地方。如果一个概念或一种现实得以被思想所把握，而它却只有一种意义，不具有双重的规定性，不包含任何的对立，那它只能通过演绎的方法去处理。若这样的话，所有这些问题都有可能获得解决，就像数学那样，我们甚至可以假设它们已经得到解决并且找出解决的方案。在马克思所探索的领域里，并不存在这种情况。关于"生产"的两重含义，我们知道一种是狭义的、清晰的，另一种是广义的、模糊的。让我们——正如马克思那些年所做的那样——把注意力放在这一对立之上。

这两重含义来自这一事实，社会中的"人"一方面生产出事物（产品），另一方面生产出作品（其他的所有东西）。事物可以被计数和计算，可以通过金钱来衡量，可以用来交换。而作品则难以做到这一点。在广义上，生产是科学、艺术、人类之间的关系、时间与空间、事件、历史、制度、社会本身、城市以及国家等的生产，用一句话来说，是所有东西的生产。在狭义上，它的一般含义已经为人所知，但关于这一领域的思想，就像实践这一术语那样陷于平庸。从另一个方面说，我们应当关注什么，如何关注？甚至，哲学家在这里重新回到他们的出发点，他们拿起他们失去的东西，说道："是的，人类作为一个整体，生产出真理、观念和神性！"

这种替代方案，与主体和系统的方案相对应，但又并不一致。它如何能够承担责难？如何找到联系性？产品的生产是非个人的，而作品的生产如果不依赖于主体，那么它就无法被理解。

经济学家站在狭义的生产立场上，他们真诚地从某种确定性出发，对这个一般定义的庸俗性不加区分，并自认为具有科学的真实性。他们去观察、去计算、去描述。他们能够以数鸡蛋的方式计算钢铁，以数家畜的方式计算工人。他们在这些运算中获得一种平静的、不可动摇的确定性。他们对"谁？""为什么？"这些问题不感兴趣。经济的经验主义拒绝概念、理论和批判。但它是否掌握了知识？马克思认为并非如此，因为它对**关系**一无所知。然而，当思想试图去把握**社会关系**的时候，它是否冒着脱离事实的危险？思想与事实保持一定的距离，在这里，批判性的意见找到了位置，但难道不是批判（对"现实"社会的批判，对满足于观察的经验主义的批判）本身推动着关系的概念化吗？

在《〈政治经济学批判〉导言》中，所有了解马克思思想的人都注意到，马克思解决了历史命运的问题。长期以来，他一直认为这一最崇高、最广阔的知识能够让我们理解现代社会，并呈现它的形成过程。当他在 1845 年与恩格斯一起写作《德意志意识形态》的时候依然相信这一点，虽然他也开始表达了一些怀疑。这种对历史的自信是否依然属于黑格尔主义？在关于古代和中世纪的论述中，历史作为一门关于生成（devenir）的科学依然能够起作用。思想、主体以及主体的联系性作为"中介"而出现。然而在现代呢？事实上，当理论思想试图去理解古代和中世纪的时候，它已经是从现代及其范畴出发，无论这些范畴存不存在于先前的时代中，它们都成为理论思想的出发点。"资产阶级社会是最发达的和最多样性的历史的生产组织。因此，那些表现它的各种关系的范畴以及对于它的结构的理解，同时也能使我们透视一切已经覆灭的社会形式的结构和生产关系。"①此外，这些范畴还能把自身包含在更高级或更低级的形式之中，甚至以讽刺的形式出现。因此，**差异**（différence）依然是基本的要素。我们不能为了去理解和评价资产阶级社会——这一最新的社会形式的批判方面，而去祈求历史的进化。我们也不能从神话中把过去召唤出来。我们应当采取相反的方法，必须从现在出发，从现在的那些"范畴"出发，从它对过去、封建制和古代的批判性的理解出发。历史不能取代政治经济学和政治经济学批判！

---

① 马克思：《1857—58 年经济学手稿》，参看《马克思恩格斯全集》第 2 版第 30 卷，北京：人民出版社，1995 年，第 46 页。——中译者注

因此,理论上合法的方法论手段是什么?"在研究经济范畴的发展时,正如在研究任何历史科学、社会科学时一样,应当时刻把握住:无论在现实中或在头脑中,主体——这里是现代资产阶级社会——都是既定的;因而范畴表现这个一定社会即这个主体的存在形式、存在规定、常常只是个别的侧面;因此,这个一定社会**在科学上**也决不是在把它**当作这样一个社会**来谈论的时候才开始存在的。这必须把握住,因为这对于分篇直接具有决定性的意义。"[1]因此,我们不打算从先前的范畴(城市是其中的一部分)出发去考察资产阶级社会的**起源**(genèse)。我们首先研究的是工业而不是农业。事实上,"在一切社会形式中都有一种一定的生产决定其他一切生产的地位和影响"。我们进而考察资产阶级社会在多大程度上区别于其他的社会——在那里,土地所有制占据主导的地位,与自然的关系起主导的作用。在资本的统治下,这种优势成为新的社会因素。"不懂资本便不能懂地租,不懂地租却完全可以懂资本"[2],这恰恰是因为它就在那里,是现实的存在,尽管它也是在历史的进程中创造出来的;它是资产阶级社会的支配一切的经济力量。因此"它必须成为起点又成为终点"。从这里出发,我们将会理解先前的社会,比如,就像在中世纪那样,新生的工业在都市的背景下模仿着乡村的组织和固有的关系。

　　因此,在 1857 年,马克思不可能把城市与乡村看作独立的概念和范畴,就像他在十年前所做的那样,他不可能把它们看作历史的遗留,在理论明晰性的层面上能够孕育出新的历史时期。这两个范畴从属于那些更普遍的范畴,一部分来自一切社会中的共同方面(生产、消费以及它们的内在关联,它们的统一体),另一部分来自现代社会的特征。因此,而且恰恰因为如此,一切差异都得以呈现,在方法上和理论上为

　　① 马克思:《1857—58 年经济学手稿》,参看《马克思恩格斯全集》第 2 版第 30 卷,北京:人民出版社,1995 年,第 47—48 页。——中译者注
　　② 马克思:《1857—58 年经济学手稿》,参看《马克思恩格斯全集》第 2 版第 30 卷,北京:人民出版社,1995 年,第 49 页。——中译者注

人所用。

　　不过，在马克思关于未来著作的分篇（1857 年）中，城市与乡村仍然是基本的范畴："（1）一般的抽象的规定，因此它们或多或少属于一切社会形式……（2）形成资产阶级社会内部结构并且成为基本阶级的依据的范畴。资本、雇佣劳动、土地所有制。它们的相互关系。城市和乡村……（3）资产阶级社会在国家形式上的概括。就它本身来考察。'非生产'阶级。税。国债……（4）生产的国际关系。国际分工……（5）世界市场和危机。"①

　　我们知道，马克思并没有严格地按照他的计划进行。为什么？显然，好几个问题还没有在方法论和理论上得到解决。尤其是马克思首先把（资产阶级）社会看作一个主体，而没有提出"什么是社会？什么是主体？"这些问题，没有考虑到资产阶级作为一个阶级，它是一个与资产阶级社会相重合的**主体**。他从主体跳跃到**系统**，把资本和资本主义看作同一个东西。

　　从这个角度来看，马克思在同一时期写作的其他片段就具有了充足的意义。那篇关于艺术的片段也不能被孤立地看待②。它回答了这一问题："什么是广义上的**生产**？"它也回答了另一个问题："什么是社会？"生产不仅仅是物质的生产，也是法的生产、家庭形式的生产、司法体系的生产和艺术的生产，虽然在这些生产领域之间存在着差异。一个社会包含实践的、社会的关系，而"文化"是其中的一部分。一个社会不能被简化为经济学家意义上的生产：一个负责生产和消费的机器，以及这两个方面之间的同一性或差异性。对于一个社会而言，生产也是事件的生产、历史的生产，因此也是战争的生产。"战争比和平发达得早。"某些经济关系，如雇佣劳动、机器"比在资产阶级社会内部发展得

---

　　① 马克思：《1857—58 年经济学手稿》，参看《马克思恩格斯全集》第 2 版第 30 卷，北京：人民出版社，1995 年，第 50 页。——中译者注
　　② 即马克思《〈政治经济学批判〉导言》第四部分唯一展开的关于艺术史的片段。——中译者注

早"。在一切方面,"生产力和交往关系的关系在军队中也特别显著"①。

这个片段极为精炼和晦涩,它的存在足以证明马克思的思想在它的发展过程中虽然充满了障碍,但已经发现了它的方向,尽管它仍然没有运用到它自身的材料或者打开它自身的视野。这就产生了一些矛盾的结果。

1857 年到 1859 年之间的手稿在许多年之后发表了,而且很晚才被翻译成法文②,它虽然给人带来一种混乱的印象,但依然是一个富有想象力和更为完善的文本,吸引着那些读过和重新读过《资本论》——这部在形式和条理上成型的巨著——的现代读者去阅读。在《大纲》中,马克思的思想在它的要素和问题之中探寻。一个主要的关注点并没有消失,而是逐渐地被弱化了:那就是对**差异**的强调,让这些差异重见天日,用语言和概念去表达它们。不仅仅是经济学家,就连哲学家和历史学家都忘记了这些**特殊性**(spécificités)。时而是前者,时而是后者。意识形态对一些特殊的条件进行抽象,这些条件从属于那个社会(我们的社会)的那种生产的**特定形式**(la forme déterminée)。如果只强调**内容**(contenu),而这种内容使过去积累的劳动成为一切现实劳动的必要要素,那么,"要证明资本是一切人类生产的必要条件,自然就是再容易不过的事情了"③。如果有证据的话,那么这个证据也是虚假的,因为这种同质化的思想排斥一切**特 殊 条 件**(conditions spécifiques)。在《大纲》中,所有事物都是按照**差异**来理解和构思的。这里包括了亚细亚社会和亚细亚"生产方式",它与西方社会及其起源形成了对比。

---

① 马克思:《1857—58 年经济学手稿》,参看《马克思恩格斯全集》第 2 版第 30 卷,北京:人民出版社,1995 年,第 50 页。——中译者注

② 马克思《资本论》第一部手稿,被称作《1857—58 年经济学手稿》或《政治经济学批判大纲》,以德文初版于 1939 年,法文出版于 1967—68 年。——中译者注

③ 马克思:《1857—58 年经济学手稿》,参看《马克思恩格斯全集》第 2 版第 30 卷,北京:人民出版社,1995 年,第 214 页。——中译者注

第二个矛盾的地方在于：在当下开始**重述**（repris）的历史、过去和起源，在这里显得越加地生动。那些方面变得更加明显，而不是离我们越来越远并且消失在历史的距离之中。城市与"城乡"关系尤为如此。马克思在之前的著作中所说过的东西，在这里以新的活力再次出现。

对于城市而言，从未存在过一种"城市的生产方式"，就像从未存在过一种"土地的生产方式"或"农业的生产方式"一样。同样地，对马克思而言，不存在一种"工业社会"，就像不存在一种"工业革命"一样。然而，土地、乡村、城市和工业在人类社会的发展中，在生产、生产关系和生产方式的转变中扮演着重要的角色①。

什么是土地？它是社会的物质载体。土地并非持久不变的。它的面貌会发生改变，从原初的、纯粹的自然转变为被破坏的自然。从开始到人类的终结，这一人类社会的载体既不是不变的，也不是被动的。土地首先是"一个大实验场"②，既提供劳动工具和材料，又提供基础和居住的地方（也参看《资本论》第一卷，第三篇，第七章，第 1 节，关于土地及其与劳动的关系③，这一片段重述并发展了《大纲》中的某些方面和观点）。然后，人类联合起来构建起一个社会，开始统治自然，使土地及其要素发生改变，从中抽取出开展活动所需要的物资，远离自然，以至于用另一种现实、人造的自然去取代它。土地不再是最初的实验场。城市取代了它。城乡之间不断**变化**（而且"变化"意味着"矛盾"）的关系是社会变迁的永恒载体。那么，什么是城市？城市依赖于土地，就像土地那样，城市是一种**环境**（milieu）、**中间状态**（intermédiaire）、**中介**

---

① 由此处开始列斐伏尔结束了对《1857—58 年经济学手稿》的导言的研究，转向对该手稿第三章《资本章》第二篇《资本的流通过程》中著名的《资本主义生产以前的各种形式》一节的研究。如前所述，该手稿法文出版于 1967—68 年，无疑构成了列斐伏尔写作本书的最重要的语境之一。——中译者注

② 马克思：《1857—58 年经济学手稿》，参看《马克思恩格斯全集》第 2 版第 30 卷，北京：人民出版社，1995 年，第 466 页。——中译者注

③ 马克思：《资本论》第一卷，参看《马克思恩格斯全集》第 2 版第 44 卷，北京：人民出版社，2001 年，第 249 页。——中译者注

（médiation）、**工具**（moyen）、最大的资产和重中之重。对自然和土地的改造意味着另一种场所和环境——城市。虽然不存在"城市的生产方式"或"土地的生产方式"，但城市，更确切地说，城市与乡村的关系成为生产变迁的**载体**，提供了**贮藏所**（réceptacle）和**条件**（condition）、场所和环境。在城市中，通过城市的作用，自然让位于第二自然。因此，城市渗透在生产方式之中，一旦城市公社（commune urbaine）取代了与土地密切关联的（部落的或农业的）共同体，这一过程就已经开始了。这样，城市取代了土地，成为社会力量的大实验场。这就是《大纲》所确立和发展了的观点。

一般而言，公社来自（部落的或乡下的）共同体，后者是前者的先决条件。在共同体中，自然与直接的关系（血缘、家庭、本土化和自然特殊性）占主导地位，而共同体向城市公社的转变意味着在所有制领域、在生产和交换领域发生了重大的变化。在这些改变过程中，一种"社会的自然（天性）"（nature sociale）取代了直接的自然性。在原始的共同体中，自然自身对于个人而言既表现为资源，也表现为敌人，既表现为同盟，也表现为死对头，而社会的自然则把社会成员看作外人。联合劳动的结果是使维持生命所需的活动成为一种外部的力量；因此不管是劳动还是劳动产品都不再是劳动者的财产。集体的或合作的劳动慢慢地既表现为**客观性**（外在的财产），又表现为**主观性**（异己的力量）[1]。因此，社会存在本身的力量转变为一种与自身相对立的**"有灵性的怪物"**[2]。在这种转变中，城市成为整体的中心场地。它难道不是"有灵性的怪物"本身吗？或许，但马克思并没有这样说。

但这里存在着一些特殊的差异[3]。在亚细亚社会中，君主是农业

---

① 马克思：《1857—58年经济学手稿》，参看《马克思恩格斯全集》第2版第30卷，北京：人民出版社，1995年，第442页。——中译者注

② 马克思：《1857—58年经济学手稿》，参看《马克思恩格斯全集》第2版第30卷，北京：人民出版社，1995年，第464页。——中译者注

③ 由此处开始列斐伏尔开始阐述亚细亚社会的古代城市特征。——中译者注

劳动的剩余产品的所有者,他用他的收入同"自由人手"①相交换,结果出现了一批行政城市,这些城市不过是一些军营。尽管这些"自由人手"的活动有可能同奴隶制和农奴制相对立,但它同雇佣劳动毫无共同之处。因此在这里,乡村直接地、立即地提供了**基础**(base)。这种乡村是由小的农业共同体组成,它们能够形成一种高级的统一体。"凌驾于所有这一切小的共同体之上的**总合的统一体**表现为**更高的所有者**或唯**一的所有者**,因而实际的公社只不过表现为**世袭的**占有者。"②因为这种统一体是实际的所有者,并且是公共财产的实际前提,所以"统一体本身能够表现为一种凌驾于这许多实际的单个共同体之上的**特殊东西**"③。这种最高的统一体,这种专制的政府,存在于东方的城市中。

在亚细亚社会中,社会的最高统一体是整个土地、共同体和个人的唯一所有者,因此城市成为它的基础和靠山。专制国家对乡村进行管理和剥削,与这些乡村并存,东方的城市只是在特别适宜于对外贸易的地方才形成起来,"或者只是在国家首脑及其他地方总督把自己的收入(剩余产品)同劳动相交换,把收入作为劳动基金来花费的地方才形成起来"④。在这些社会中,单个人的财产无法自给自足;共同体与自然之间的直接关联无法被打破;灌溉和水资源的调节这些对于共同体生活必不可少的事务,由国家承担起来,因此国家扮演着直接的经济角色,对生产力起作用,负责关照自然和维护它与社会之间的关系。

因此,最高的统一体、在本土的农村共同体中化身为普遍要素的专制君主、绝对的父权地位起到了统治性的作用。社会的剩余产品在劳

---

① 马克思:《1857—58 年经济学手稿》,参看《马克思恩格斯全集》第 2 版第 30 卷,北京:人民出版社,1995 年,第 460 页。——中译者注

② 马克思:《1857—58 年经济学手稿》,参看《马克思恩格斯全集》第 2 版第 30 卷,北京:人民出版社,1995 年,第 467 页。——中译者注

③ 马克思:《1857—58 年经济学手稿》,参看《马克思恩格斯全集》第 2 版第 30 卷,北京:人民出版社,1995 年,第 467 页。——中译者注

④ 马克思:《1857—58 年经济学手稿》,参看《马克思恩格斯全集》第 2 版第 30 卷,北京:人民出版社,1995 年,第 468 页。——中译者注

动的实际取用（appropriation）中被限定为某种功能，也就是说支付管理方面和大工程的一般费用，留给村民生活之所需；剩下的归唯一者所有。这种庞大的财富使那些宏大的事业成为可能：战争、节庆、建筑工程。"在东方专制制度下以及那里从法律上看似乎并不存在财产的情况下，这种部落的或公社的财产事实上是作为基础而存在的，这种财产大部分是在小公社范围内通过手工业和农业相结合而创造出来的，因此，这种公社完全能够自给自足，而且在自身中包含着再生产和扩大生产的一切条件。"① 最 高 的 集 体 性 表 现 为 一 种 超 越 性 的 **个 人**（personne）。以贡品的形式存在的剩余劳动、集体劳动本身成为人类的、神圣的、现实的和想象的统一体崇拜的一部分，成为君主崇拜的一部分。

当人们在近些年重新思考"亚细亚生产方式"这一问题时，这些文本开始被发掘出来。但是这一概念并非来源于此，马克思写的仅仅是"亚细亚社会"。尽管如此，亚细亚生产方式这一概念已经出现，它在某种意义上设计了一些在布局上和基本要素上与西方社会相区别的社会，体现在：乡村与城市、分工、国家和王权。我们通过其他的一些分散的文本得知，马克思对亚细亚社会中的特殊的历史特征已经形成了清晰的认识。庞大的帝国建立在农业共同体的基础之上，它们通过惯性得以延续，它们因征服者的侵入而倒塌，但它们又以倒塌前的类似的方式重新建立起来。历史由于这种稳定性而具有一种重复性的特征，这毋宁说是一种生产力的停滞性，也就是农业共同体及其组织的停滞性。而至于城市，它是专制王权的决定性的基础，无法逃脱专制君主的专横跋扈。它时而分享着经济—社会—政治的整体的稳定性，当它位于特别有利的地理位置的时候；它时而作为行政和军事活动的中心，随着帝

---

① 马克思：《1857—58 年经济学手稿》，参看《马克思恩格斯全集》第 2 版第 30 卷，北京：人民出版社，1995 年，第 467 页。——中译者注

国的消失而消失,并且在别的地方重建起来①。在《大纲》中,马克思暗示这些观念或假设不仅适用于各种各样的亚细亚社会,而且可能适用于前哥伦布时期的美洲、墨西哥和秘鲁等②。通过劳动,统一体可以演变为共同体,形成正式的体系,不仅存在于共同体的范围内,而且为整个社会发挥作用。

亚细亚生产方式的概念建立在这些分析之上,马克思总想重新回到这些分析之中,因为它们勾勒出这一基本的主题:所有制形式的复杂性与城乡关系之间的相关性。这一概念从来没有发展为一种理论,至少马克思并没有做到这一点。在魏特夫(Karl A. Wittvogel)③出版了他的那本著名的关于东方专制主义的著作之后,学界近来作出了一些努力,这些努力给我们提供了这一理论了吗? 只有充分发掘出东方城市的这些多样性的(宗教的、军事的、政治的、行政的、经济的等等)和特殊的功能,以及这些功能如何集中在一个空间和时间的组织之中,这一理论的丰富内涵和意义才能体现出来。马克思已经提供了一个开端,但远远没有完成这一理论。如果这一概念忘记了这些差异,无论是在亚细亚社会的内部还是在欧洲社会中,如果它仅仅是一种事实的分类方法,把事实排列整理到一般的、同质的范畴之中,那么这种所谓的马克思主义理论将是在马克思著作基础上的又一次倒退!

当马克思说土地是一个"实验场"时,他想表达的是什么? 土地是生产力的一部分。生产力包括:劳动——生产方式、工具和机器——技术和科学知识——自然及其资源。某些"纯粹主义者"会提出异议,认

---

① 马克思和恩格斯在 1853 年的一系列通信,证明他们在何种程度上关注着这一问题。——原注。参看"恩格斯致马克思(1853 年 6 月 6 日)""马克思致恩格斯(1853 年 6 月 14 日)",载《马克思恩格斯文集》第 10 卷第 113—118 页等处。——中译者注

② 马克思:《1857—58 年经济学手稿》,参看《马克思恩格斯全集》第 2 版第 30 卷,北京:人民出版社,1995 年,第 468 页。——中译者注

③ 魏特夫,德裔美国历史学家,汉学家,代表作《东方专制主义:对于极权力量的比较研究》(1957)(中译本参看由徐式谷等译,中国社会科学出版社,1989 年)比较系统地研究了马克思的亚细亚生产方式理论。——中译者注

马克思主义思想与城市

为这一顺序应该颠倒过来；他们的教条主义使他们怀疑，如果不在历史上和科学的意义上把**工人**放在最后和最高的位置，那就是包藏着某种政治意图。让我们跳过这种学院式的拜占庭主义。在马克思的表述中，"实验场"指的是自然不仅仅是消极的生产要素。它起到了干预的作用，事实在于，联合起来的人类（构建起一个社会并生产出他们的社会存在）时刻与自然作斗争。生产作为人与自然之间的活动，能够让自然对人类的能动性作出回应。它并不满足于提供生产活动所要提取、分离和加工的材料。共同体作为血缘、习俗和语言的共同体，它来自自然。社会对**客观条件**进行取用的首要**条件**是共同体，它产生于各式各样的自然之中，自然本身具有丰富的多样性。对马克思而言，"原始的"共同体组织似乎有着丰富的多样性，但它经历了与原初自然进行斗争的选择过程。有的消失了，有的衰败了，有的稳定了下来。很少有"原始的"共同体组织能够在经历过私有制之后发展成为文明，也就是发展成为城市。反过来，城市取代了"客观的"自然成为一种取用的条件，成为实验场。在这些城市和都市组织中，有的衰败和消失了，有的艰难地幸存下来，有的依然保持稳定。这些城市和都市组织很少能够走完增长和发展的进程，使生产力增长并且孕育出高级的社会组织。就像土地那样，城市代表了一种生产力（而不是一种生产方式或者工具）。城市让工人和劳动、知识和技术以及生产方式本身得以集中起来，在增长和发展中起到积极的干预作用；因此，它也能起阻碍的作用；在城市的内部、城市的领土之上、生产力和生产关系上发生的对抗，可能会带来有益的或灾难性的结果。就像土地和国家一样，城市在历史的进程中成为一个熔炉，在其中，生产关系被制造出来，生产关系和生产力之间的矛盾得以凸显。

在西欧，与亚细亚社会相对应的是农业共同体转型的第二种形式①。"第二种形式——它也像第一种形式一样，曾经在地域上、历史

---

① 由此处开始列斐伏尔进入对欧洲古代社会城市特征的研究。——中译者注

上等等发生一些重大的变化。"①它是更为动荡的历史生活的产物,它以**公社**作为前提,但公社的部落基础已经受到了游牧生活、迁徙的影响,社会存在第一次摆脱了自然。与亚细亚形式不同的是,欧洲的形式并没有把自然共同体作为物质和内容而保存下来。这种形式带来了一种与亚细亚城市不同的城市形式。这种社会不是以乡村和自然"本身"为基础,而是以城市作为乡下人和土地所有者的中枢(中心)。耕地表现为城市的领土,而不是乡村的领土②。因此这种城市形式是雅典或罗马,而不是撒马尔罕(Samarkand)③。在西方,自然和土地不需要大量的集体劳动(灌溉、筑坝和排水),它们不会给劳动者和取用者带来任何的阻碍。西方社会的最初条件具有不稳定性、游牧生活和迁徙的特征,因此注定具有侵略性。"战争是巨大的共同任务,巨大的共同工作。"④要么需要从现存的共同体中夺取土地,要么需要保护并永久保持这种占领,抵御侵略者。自然作为生活的一种持久的斗争而存在于这种社会当中。就像在东方那样,这种社会首先是军事的组织而不是行政的组织。战争具有选择性。它们发生在城市之间。事实上,**城市是这种军事组织的基础**⑤。在都市的背景下,部落的联系通过转型的方式保留了下来。当城市公社成为一个国家的时候,私有制从公有制中分离出来。

在这种联合的形式中,个人的财产不再与**直接的**(immédiate)共同

---

① 马克思:《1857—58年经济学手稿》,参看《马克思恩格斯全集》第2版第30卷,北京:人民出版社,1995年,第468页。——中译者注

② 马克思:《1857—58年经济学手稿》,参看《马克思恩格斯全集》第2版第30卷,北京:人民出版社,1995年,第469页。——中译者注

③ 撒马尔罕(又译撒马尔干)是中亚最古老的城市之一,丝绸之路上重要的枢纽城市,有2500年的历史,为古代帖木儿帝国的首都,位于今天乌兹别克斯坦境内。——中译者注

④ 马克思:《1857—58年经济学手稿》,参看《马克思恩格斯全集》第2版第30卷,北京:人民出版社,1995年,第469页。——中译者注

⑤ 马克思:《1857—58年经济学手稿》,参看《马克思恩格斯全集》第2版第30卷,北京:人民出版社,1995年,第469页。——中译者注

马克思主义思想与城市

体财产相重合,因为与自然的联系已经被打断了。在这里,公社依赖于土地所有者,他们最初依然是劳动者(农民),但后来就成为不再参与劳动的土地所有者。以国家的形式存在的城市公社,是由这些所有者之间的相互关系组成的,他们是私人的,但也是自由和平等的;城市公社为他们提供保护和保证。"公田"(ager publicus)确保了集体的需要。城市公社是历史的产物,不仅在事实上,而且在人们的意识里也是如此,它依然是(公共的和私人的)土地财产的前提,但对于公社的个人成员而言,"这种'属于'是由他作为国家成员的存在作中介的,是由国家的存在,因而也是由那被看作神授之类的**前提**作中介的"①。在某些宗教、军事、政治方面,古代城邦(cité)与东方城市有相似之处,但并不能掩盖它们的差异。东方城市无法摆脱它与自然之间的"直接"联系,自然会对它的制度和观念产生影响,甚至为它塑型;而古代城邦失去了这种直接性,并获得了**中介**(médiation)的特征,这成为它命运的标志。

在城邦中出现了(人口和财富)的大量的集中,它的领土囊括了周围的乡村。这些财富通过生产劳动而得以增长:小的农业、手工业和小的制造业(纺织业、织造业、锻造业、小的冶金业和陶瓷业等)。这种城市公社往往是通过战争而不断扩张和积累财富的。然而在很长一段时间里,"个人被置于这样一种谋生的条件下,其目的不是发财致富,而是自给自足,把自己作为公社成员再生产出来"②。这是古代的城市共和国的繁荣时期。剩余时间和社会的剩余产品回收到城市公社之中,因此被运用到共同的工作之中:战争。穷兵黩武、接连不断地发起猛烈的战争,这成为希腊文明和罗马文明的标志,在这些战争中,某些军备精良、组织有序的城市在此意义上取得了"胜利",占据了上风:如雅典和罗马。

我们从现在起可以大胆地提出一个理论上并非无足轻重的评注。

---

① 马克思:《1857—58 年经济学手稿》,参看《马克思恩格斯全集》第 2 版第 30 卷,北京:人民出版社,1995 年,第 470 页。——中译者注

② 马克思:《1857—58 年经济学手稿》,参看《马克思恩格斯全集》第 2 版第 30 卷,北京:人民出版社,1995 年,第 471 页。——中译者注

在我们所讨论过的《大纲》的这些篇幅里，马克思对古代城邦的形成进行了研究。他把它看作历史性、历史命运或发展的第二种形式，而第一种形式是亚细亚社会中的东方城市。他描述了古代城邦的一些基本方面，尤其是它的**中介**特征，即与**直接性**（与自然的直接联系，这一点在亚细亚的共同体中有着深远的意义，就像在原始的部落、父系、家族共同体中那样）断绝联系，但并没有完全从当下、土地、自然和农业中解放出来。马克思甚至没有提及**奴隶**。难道他忽略了这一重要的事实？不。各种各样的文本为此提供了证明，特别是马克思在描述奴隶与现代工人之间的差异的时候。在提及古代城邦及其起源与形式结构的时候，他描述了**奴隶制的状况**。奴隶作为城邦居民和土地之间、城市公社的自由成员与生产劳动之间的一种额外的**中介**，生产劳动赋予了他一种更高级的责任，首先是在战争和政治生活方面，其次是在个人致富的方面。它把城邦引向光荣，或者引向衰亡①。事实上，金钱和对金钱的渴望侵蚀着古代共同体的基础。城市还没有真正地从乡村中解放出来，而现金（argent comptant）则脱离了这种联系，使城市遭受破坏和腐蚀。在罗马和希腊，货币起初自然地出现在作为尺度和作为流通手段这两种最初的规定上。但是，一旦他们的商业发展起来，或者像罗马人那样，当征服给他们带来大量货币时，在他们经济发展的一定阶段上，货币不可避免地突然出现在它的第三种规定上，"而且货币在这种规定上越发展，就越是表现出他们的共同体的没落"②。货币的第三种规定③，

① 在与马尔萨斯的论战中，马克思指出古代的殖民化与某种人口过剩的状况相一致，而这种状况与现代社会中的情况（移民、无产阶级预备军等）毫无共同之处。——原注
② 马克思：《1857—58年经济学手稿》，参看《马克思恩格斯全集》第2版第30卷，北京：人民出版社，1995年，第175页。——中译者注
③ 按照马克思在《1857—58年经济学手稿》中的解释，"货币不是仅仅表现为手段，也不是表现为尺度，而是表现为目的本身""它在流通之外还有一种独立的存在……货币的第三种规定包含了前两种规定，既包含充当尺度的规定，又包含充当一般交换手段并从而实现商品价格的规定"（参看《马克思恩格斯全集》第2版第30卷，北京：人民出版社，1995年，第168页，第154页等处）。——中译者注

也就是它一般的购买功能,使货币成为资本。

因此我们可以提出疑问:"奴隶制的生产方式"这一概念是否赋予了古代城邦一种过时的、破坏性的特征?只有通过与资本主义相比较,这一特征的重要性和价值才得以体现;就其本身而言,在以血缘共同体为开端的古代城邦的系谱中,这是一种派生的特征。对于城乡关系这一基本的关系而言,也就是对于社会—自然、历史—原初的关系而言,它并不重要。它浓缩了这一生成过程,总结了古代城邦的兴衰。在此意义上,我们有限制地保留这一概念(即"奴隶制的生产方式"——中译者注),使它相对化并从属于那些基本的关系。

在《大纲》中,古代城邦是发展的**第二条**道路,然后就走向了衰亡,而**第一条**道路则是东方城市。在西方存在着**第三种**形式①,即第三条道路,它诞生于日耳曼的蛮族共同体。虽然它表面上无关紧要,但它与其他的形式有所区别,因此我们应当去理解这种差异。在东方,所有权总是归属于共同体,即使是归属于唯一者和君主。在古代城邦中,所有制的两种形式相互对立,但它们都集中在城市背景之下:私有制属于城邦居民——公有制属于城邦,**公田**。从日耳曼的部落共同体开始,三种所有制的形式得以建立起来:一种是私有制(家舍的,一部分属于耕地),一种是集体所有制,它依赖于所有者的集会,而不是依赖于乡村或城市本身——最后一种是公社所有制,公社土地或人民土地,它明显地区别于个人财产和他们的联合群体。它包括猎场、牧场和采樵地等②。

这种差异是根本的,因为它意味着在西欧(德国、法国、英国、西班牙),城市不是凌驾于它的成员之上的实体,而是一个联合体。这决定了它的历史未来!

总而言之,马克思区分了三个方向,这三个方向包含了血缘共同体

---

① 由此处开始列斐伏尔进入对中世纪日耳曼社会城市特征的研究。——中译者注

② 马克思:《1857—58年经济学手稿》,参看《马克思恩格斯全集》第2版第30卷,北京:人民出版社,1995年,第474页。——中译者注

的解体,占有(利用,然后交换)领土的共同体和公社的形式的出现,"城乡"关系的形成以及这一关系的转变。第一条路线使社会和城市走向停滞。第二条路线使城邦和社会急速地成长,走向辉煌,继而走向衰落。第三个方向在城市与乡村的关系中,使城市缓慢地成长,但它的未来不会受到明确的限制。第一条路线的模式是一元的,第二条路线的模式是二元的,第三条路线的模式是三元的①。

对于 1857 年的马克思而言,这一问题始终困扰着他,以至于他非常详尽地强调了上面所提到的那些差异,而并不担心赘述过多。可能他在阐释这一思想时遭遇到一些困难,缺乏有根据的历史文献,因此这一思想保留了某种假设性的、历史哲学的东西,尽管它以大量的、不完整[如尼布尔(Niebuhr)②等人]的著作为依据。

虽然亚细亚的历史表现为"城市和乡村的一种无差别的统一",虽然古典古代的历史是城市的历史,城市是乡村生活的中心,是土地所有制和农业的基础,但中世纪是从乡村这个历史的舞台出发的,然后,它的进一步发展是在城市和乡村的对立中进行的:"现代的历史是乡村城市化,而不像在古代那样,是城市乡村化。"③这条决定性的公式揭示了基本的辩证法的运动。只有在城乡关系的矛盾方面得以发展的地方,发展才能获得广泛的意义和无限的可能。在东方不存在这种矛盾。因

---

① 不得不承认,在今天,我们对此有必要提出一些保留意见。日耳曼人难道不是与希腊和拉丁文明的奠基者一样,都属于印欧语系吗?参看历史学家和人类学家的著作,尤其是乔治·迪梅齐(Georges Dumézil)的著作。然而,我们不能否认在西欧的社会和意识形态中,存在着地中海(摩尼教)世界的某种趋势和某些三位一体的特征。——原注。

② 巴托尔德·格奥洋格·尼布尔(Barthold Geord Niebuhr, 1776—1831),德国古典古代历史学家,写有古代史方面的著作,马克思这里引用了他的《罗马史》(1811)一书第二版(1827)。——中译者注

③ 马克思:《1857—58年经济学手稿》,参看《马克思恩格斯全集》第2版第30卷,北京:人民出版社,1995 年,第 474 页。——中译者注

此，上古时期的东方城市，如巴比伦、苏萨、尼尼微时代①的光荣、伟大和势力到现在都已经烟消云散了。光荣和势力并不能改变什么。城市就像帝国一样，前后相连、新旧更迭、生生灭灭。而古代城邦则处于一场游戏之中，谁输就算赢（或者说谁赢就算输）。它一开始在表面上取得了胜利，然后就处于无可挽回的失败之中，尽管有雅典和罗马获得了它们的荣耀以及所有层面上的胜利。古代城邦在政治上统治着乡村，然而在经济上却受乡村的统治。这种矛盾虽然还没有发展到极致，但足以导致它的解体。在这里，美丽和光辉仍然无法逃避这种命运。相反，它执行了所谓"历史的"力量的旨意。至于西欧微不足道的商业城市，它们不仅有着自身的历史，而且创造了历史。它们才是历史的"主体"。为什么？这是如何发生的？它发生在一场激烈的斗争过程中，这已经是一场阶级斗争。因为它们的原则是联合原则（誓言仅仅是联合原则的一个方面）。

西方城市在经历了一段历史命运（它与神学的宿命论毫不相关）之后，成为一种道场和背景，在这里发生了一种异乎寻常的颠倒：占支配地位的自然反过来处于被支配的地位。这并不是说城市作为一种反自然（anti-physis）的场所，仅仅由于这一事实就成为一种对人类有利的力量，成为人们剪断脐带并投入其怀抱的第二母亲。请不要过早下定论，也不要比马克思更早地下定论！

原始的蛮族公社（日耳曼）与城邦的情况并不一致。它既没有一种凌驾于它的成员之上的最高的存在，也没有一种独立的经济和政治存在。"在日耳曼人那里，各个家长住在森林之中，彼此相隔很远的距离，即使从**外表**来看，公社也只有通过公社成员的每次集会才存在，虽然他

---

① 古巴比伦原是一个闪语族阿卡德人的城市，它的历史可以追溯到大约 4300 年前的阿卡德帝国，位于美索不达米亚平原，大致在当今的伊拉克共和国版图内，在距今约 5000 年前左右发展了世界上第一个城市，是人类文明的摇篮。苏萨（Susa），位于伊朗胡齐斯坦省的城市，著名的《汉谟拉比法典》在此出土。苏萨是古代埃兰王国、波斯帝国、帕提亚帝国的重要都城。尼尼微（Nineveh），西亚古城，是早期亚述、中期亚述的重镇和首都。——中译者注

们的**自在的**统一体包含在他们的亲缘关系、语言、共同的过去和历史等等之中。"①在这些条件下,公社没有通过城市而成为一种"国家体系";它无法通过它的各种官吏而组成这些集会之外的一个实体。个人财产和家庭组织的财产不以公社为中介;相反,公社的存在及其财产以成员间的关系为中介。经济整体包含在每个房屋、每个家庭之中。与之相反,古代城邦"连同属于它的土地是一个经济整体"②,土地所有者同时也是市民和(都市)公民,公民身份可以归结为一个简单的形象:农民是城市的居民。

对于蛮族人而言,公社并不因此而成为一种实体,个人身处其中只是一种偶然。它既不是城市及其需求中的现实化的统一体,也不是都市领域中的现实化的统一体。它并没有突然地从语言与血缘、使用价值的生产以及包含着个体再生产的关系中脱离出来。所有者只是在慢慢地失去这些关系,也就是说"劳动的(进行生产的)主体(或再生产自身的主体)把自己的生产或再生产的条件看作是自己的东西"③。

这种双重关系的丧失是不可避免的,它一方面使个人成为与其他成员相互平等的市民,另一方面使个人成为所有者,尤其是当乡村在经历了生产力的增长之后,乡村成为城市。在西方,在蛮族共同体的基础之上,这种关系的丧失造成了最低程度的损坏。然而在东方,这一过程并没有完成,因此出现了停滞;在古代城邦中,它"使那种成为共同体的基础的、因而也成为每一个**客体的个人**(即作为罗马人、希腊人等等的个人)的基础的生产方式发生解体"④。公社的特殊形式和与它相联系

---

① 马克思:《1857—58年经济学手稿》,参看《马克思恩格斯全集》第2版第30卷,北京:人民出版社,1995年,第474页。——中译者注

② 马克思:《1857—58年经济学手稿》,参看《马克思恩格斯全集》第2版第30卷,北京:人民出版社,1995年,第475页。——中译者注

③ 马克思:《1857—58年经济学手稿》,参看《马克思恩格斯全集》第2版第30卷,北京:人民出版社,1995年,第488页。——中译者注

④ 马克思:《1857—58年经济学手稿》,参看《马克思恩格斯全集》第2版第30卷,北京:人民出版社,1995年,第488页。——中译者注

的对自然界的所有权这二者的社会统一,在**一定的生产方式**(马克思强调了这一点)中具有其活生生的现实性,这种生产方式既表现为个人之间的相互关系,又表现为他们作为一个整体与自然之间的关系,表现为一定的劳动方式(家庭劳动与公社劳动)。因此,作为第一个伟大的生产力出现的是共同体本身,特殊的生产条件(畜牧业、农业)发展起特殊的生产方式和特殊的生产力,既包括主体的生产力,也包括客体的生产力①。

这些关系的解体,为个体提供基础的支撑物的不可避免的丧失,让我们现在知道了西方如何以及为何拥有着最好的向高级的生产力过渡的条件。它不存在于古代或东方,而存在于这里,"群居动物"——农村动物或都市动物——在这里转变为**政治动物**。交换本身是这一过程的基本因素,"它使群的存在成为不必要,并使之解体"②。然而这种解体在大多数情况下是一种灾难。这是一种更小的恶吗?公社成员失去了他的土地和自然,失去了与它们之间的直接联系,失去了他在共同体中的份额,这一份额曾经使他成为"所有者",使他作为一个劳动者而拥有他的劳动工具的所有权。这种情况出现在一种工业的特殊形式中,它就是手工业劳动。这种劳动既是技艺,也是目的本身,劳动者的技能保障着他对工具的占有。劳动方式以及劳动组织和劳动工具是继承的。"中世纪的城市制度"也是以这种方式运作的③。

我们知道,这种城市系统包含着各种各样的行会:与它相联系的是"行会同业公会制度"。它以劳动者在完成生产以前能够维持自己的生活为前提。因此,这种劳动者拥有"消费储备",他继承、赚得、积蓄这种消费储备,或者这种消费储备作为共同体中的共同占有物,行会按照其

---

① 马克思:《1857—58 年经济学手稿》,参看《马克思恩格斯全集》第 2 版第 30 卷,北京:人民出版社,1995 年,第 488 页。——中译者注

② 马克思:《1857—58 年经济学手稿》,参看《马克思恩格斯全集》第 2 版第 30 卷,北京:人民出版社,1995 年,第 489 页。——中译者注

③ 马克思:《1857—58 年经济学手稿》,参看《马克思恩格斯全集》第 2 版第 30 卷,北京:人民出版社,1995 年,第 491 页。——中译者注

法规和传统为他保留这种使用权①。事实上，这种必然性似乎并不是强加在劳动者身上的外在的、资本的力量，因为劳动者作为一种活跃的力量，直接地参与到生产的客观条件之中。虽然他毫无疑问受到外物的控制，但他仍然没有与自身的劳动分离开来，然而在资本主义中，"工人不是生产条件，而只有劳动才是生产条件"②。

资本的形式包含着与原材料、工具、生活资料之间的一种非所有制的(消极的)关系。它首先包含着**非土地财产**(non-propri，材料、工具、生活资料之间的一种)，它否定了下述条件：来自自然的条件，来自劳动者、劳动要素和劳动者自身(劳动主体)之间的直接关系的条件。这种解体分好几个阶段完成。第一个阶段，土地所有者在自己所拥有的土地上劳作；这种条件在乡村中实现，与之相伴随的是蛮族共同体。第二个阶段是城市公社中的手工业财产。第二个历史层次发生在第一个的周围和外部。以共同体的类型出现的公社和行会逐渐远离原始的、直接的(自然的)形式。事实上，"这种财产借以建立的公社本身是被产生出来的、生产出来的"，这就是(中世纪的)城市公社。这种建立在手工业劳动和都市的基础之上的行会系统，其特征是把共同体简化为劳动者与生产工具之间的唯一关系，财产——通过技能加以合法化——仅仅是以工具为基础。这种关系与以土地财产为基础的关系有着根本的区别。

劳动者与工具之间的这种关系的解体产生了资本主义。"这种形式实质上是奴隶制和农奴制的公式，在工人同作为资本的生产条件的关系中，它也同样被否定了，表现为在历史上已经解体的状态。"③马克思并没有坚持这种黑格尔的方法，也就是说通过否定性和综合来构建

---

① 马克思：《1857—58年经济学手稿》，参看《马克思恩格斯全集》第2版第30卷，北京：人民出版社，1995年，第491页。——中译者注
② 马克思：《1857—58年经济学手稿》，参看《马克思恩格斯全集》第2版第30卷，北京：人民出版社，1995年，第491页。——中译者注
③ 马克思：《1857—58年经济学手稿》，参看《马克思恩格斯全集》第2版第30卷，北京：人民出版社，1995年，第494页。——中译者注

　　　　　　　　　　　　　　　　　　　马克思主义思想与城市

资本。在《大纲》中,新的考虑被引入这一程序之中,比如考察古代城邦。生产的不同要素之间的关系的解体,并没有带来现代意义上的无产阶级,也没有带来手工业阶级,而是带来了一个追求温饱和享乐的平民阶级。同样地,领主与他的仆人之间的关系也发生了改变,虽然它与上述关系有着本质的区别。在各种各样的情况中,所有制关系的解体为一种**统治关系**(rapport de domination)留下了空间。因此,这种统治与隶属的关系归属于财产与生产之间的关系的没落;与此同时,它揭露了前者的局限性,提供了一种转型的酵母。这种权力关系在罗马帝国中盛行,但我们发现它存在于所有的解体过程之中,包括在所谓的"文艺复兴"时期,中世纪行会和封建关系的解体过程之中。这些解体的过程习惯性地伴随着如下事物:主人、想象的或现实的服务、竞争和战争①。"在所有这些解体的过程中,只要更详尽地考察便可发现:在发生解体的生产关系中占优势的是使用价值。"②这是一种历史的反讽。在古代的或中世纪的城市中,所有具有"使用价值"的事物都会消失;这种消亡产生了一种特殊的"价值",一种根深蒂固的习俗:财富与权力的暴力运动。正是通过这一过程,交换的统治才能开辟出一条道路。在权力的关系中,实物的补给和供应优先于报酬。货币作为一种有灵性的怪物,它与另一种怪物——国家——一起,试图建立某种和平,某种属于它自身的和平,某种必然消失的和平:商品世界的和平

---

① 马克思的原话是:"这种历史上的解体过程,既是把劳动者束缚于土地和地主而实际又以劳动者对生活资料的所有权为前提的农奴制关系的解体,因而这实质上是劳动者与土地相分离的过程;也是使劳动者成为自耕农、成为自由劳动的小土地所有者或佃农(隶农),成为自由的农民的土地所有制关系的解体……也是以劳动者对劳动工具的所有权为前提的、并且把作为一定手工业技能的劳动本身当作财产(而不仅仅是当作财产的来源)的那种行会关系的解体;同样也是各种不同形式的保护关系的解体,在这些关系中,非所有者作为自己主人的仆从表现为剩余产品的共同消费者,并且以此为代价,穿着自己主人的仆役的制服,参加主人的争斗,从事想象的或实际的个人服务等等。"参看《马克思恩格斯全集》第2版第30卷,北京:人民出版社,1995年,第496页。——中译者注

② 马克思:《1857—58年经济学手稿》,参看《马克思恩格斯全集》第2版第30卷,北京:人民出版社,1995年,第496—497页。——中译者注

……但事物发生了变化，正在向最坏的方向发展！

货币财富（richesse monétaire）和货币的起源是以中世纪行会这一障碍的消除为前提的①。在城市行会的系统中，单纯的货币并没有什么作用；只有行会的货币、行会师傅的货币才能用来购买织布机等东西。只有当货币成功地剥夺了行会劳动者过去拥有的财产（生活资料、材料、工具），货币才成为这些行会师傅的主人。至于劳动力，不管符不符合资格，它是资本发现的、现成的东西，"它们部分地表现为城市行会制度的结果，部分地表现为家庭工业即作为农业的附属物的工业的结果"②。这个历史过程不是资本的结果，而是资本的前提。历史根本不知道资本家和工人结成联盟等等的美妙幻想。"在资本概念的发展中也没有这种迹象。"资本主义来自都市行会的解体，而不是因为它参与到任意一个行会之中。在某些地方，在依然完全属于另一个时期的范围内，偶尔会有手工工场发展起来，例如在意大利的各城市中，手工工场曾经同行会并存，马克思认为这是一种局部的现象。在其他地方（尤其是在英国），这种矛盾利用它所有的力量，资本主义的新的条件大规模地发展起来。这使它成为一种统治性的力量。

这一历史提供了一个明显的结论。仅仅有了货币财富，甚至它取得某种统治地位（权力关系），还不足以使古代社会的**解体**（dissolution）转变为资本主义。"否则，古代罗马、拜占庭等等的历史就会以自由劳动和资本而告终了，或者确切些说，从此就会开始新的历史了。在那里，旧的所有制关系的解体，也是与货币财富——商业等等——的发展相联系的。但是，这种解体事实上不是导致工业的发展，而是导致乡村对城市的统治。"③

---

① 马克思：《1857—58年经济学手稿》，参看《马克思恩格斯全集》第2版第30卷，北京：人民出版社，1995年，第500—501页。——中译者注

② 马克思：《1857—58年经济学手稿》，参看《马克思恩格斯全集》第2版第30卷，北京：人民出版社，1995年，第500页。——中译者注

③ 马克思：《1857—58年经济学手稿》，参看《马克思恩格斯全集》第2版第30卷，北京：人民出版社，1995年，第501页。——中译者注

马克思的思想道路经历了无数次的重造和回溯。这些思想活动通过政治家、哲学家、经济学家、历史学家、教师、无数的学生，在东方、西方、北方和南方的国家中展开。在这条高速公路上有着导游和有组织的游客，但也有着死路和歧途。

如果所有对马克思的专业化的阅读——不管是哲学家的还是经济学家的——都是错误的呢？马克思的研究过程以及他的思想所包含的内容，不能被简化为某种专业知识。"城市系统"（以及它的附属物，行会系统）的起源或系谱在中世纪的西欧，包含着一种历史学、政治经济学和政治学，人们无法从学科的分离中形成对它的理解。

我们跟随马克思的脚步，分三步重新塑造他的思想道路："城市系统"的起源，这一阶段从属于一种更广泛的起源，即一般化的交换价值、商品世界和货币的起源，总而言之，资本的起源。在每一步中，概念都在不断地巩固和扩大；尤其是在每一步中，**差异**都得到了呈现。对这种轨道的重述不是为了建立某种重言式的同一性，使它从属于普遍的、虚无的真理。恰恰相反。在原始的、直接的、自然的共同体中存在着大量的差异，语言、习俗、共同体成员之间的关系、周围的自然也是如此。差异带来了解体，它也来自解体，这种解体就是原始共同体（部落的、家庭的）的解体，以及建立在废墟、古代城邦和中世纪城市之上的公社的解体，因此产生了不同的演化路线，有的走向停滞，有的走向衰亡，有的最终开创了"历史"并产生了现代社会，连同它坏的方面和好的方面，不可分割地包含在其中。这一生成过程极为复杂，在它的所有阶段中，在每一个时刻，都存在着一种可怕的"选择压力"（pression de sélection）。马克思并没有使用这一术语，但它与以现代语言表达出来的马克思思想相符合；历史辩证地来自史前史（préhistoire），社会存在来源于动物性，这一生物学的术语极好地表达了转变的过程。华丽的作品、壮观的形式已经被完全地、简单地解体、摧毁和消灭：古代城邦，中世纪城市以及其他（而东方城市保持了原状，它处于一个与我们不同的时间性的过程之中）。

对这一生成过程的分析只有在极少的情况下,才会使用普遍的、一般的实体,例如"人类"或"生产方式"。这里我们再次强调后者的重要性。"生产方式"作为一个特定的理论概念,用来指示某个社会或社会群体,在《大纲》中,这一概念和术语既没有用来描述东方社会,也没有用来描述古代或中世纪的欧洲社会。它仅仅用来描述所谓的原始共同体(通过血缘关系、领土关系、部落关系或家庭关系来界定),但也是以一种特殊的方式提及。每一个共同体都有它自身的生产方式,因为它有它自身的语言、习俗、扩充的或本地的领土、基本的活动(狩猎、捕鱼、畜牧、农业、家庭工业,以及这些要素之间的各种各样的组合),总而言之,都有一种与自然及其所有方面——生物和动物的生活、资源、亲属关系等之间的直接关系。

　　在一篇著名的、广受议论的文本中①,"生产方式"这一术语和概念才表现出人们所熟知的那种坚固性和稳定性,这篇文本被看作马克思思想的一种浓缩:"大体说来,亚细亚的、古希腊罗马的、封建的和现代资产阶级的生产方式可以看做是经济的社会形态演进的几个时代。资产阶级的生产关系是社会生产过程的最后一个对抗形式……因此,人类社会的史前时期就以这种社会形态而告终。"②

　　这一文本是如此著名,以至于任何研究马克思和马克思主义的著作都不可避免地去引用它,然而,如果我们逐字逐句地去理解的话,我们会发现它引起了无穷无尽的困惑和难以解决的理论问题。

　　第一,"亚细亚生产方式"为何以及如何被列为如此一个进步征程中的一个阶段? 这一问题没有得到回答,这就使得亚细亚社会及其演化路线与差异(亚细亚社会之间的差异,以及与西方社会之间的差异)

---

　　① 即马克思的《〈政治经济学批判〉序言》一文,载《马克思恩格斯文集》第 2 卷,北京:人民出版社,2009 年,第 588—594 页。——中译者注

　　② Karl Marx, *A Contribution to the Critique of Political Economy*, trans. N. I. Stone (Chicago: H. Kerr & Co., 1904), 13.——英译者注。参看《马克思恩格斯文集》第 2 卷,北京:人民出版社,2009 年,第 592 页。——中译者注

　　　　　　　　　　　　　　　　　　　　　　马克思主义思想与城市

在很长的一段时间内停留在晦暗之中。

第二，被理解为实体，也就是被理解为总体性的"生产方式"概念，它被固定到如此的地步，以至于从一种过渡到另一种都显得不可理喻。这些转变的过程消失在魔术或戏法之中。因此，以这种方式进行的、对马克思的学院派的阅读肢解了马克思的思想。这种注释是精确的。它甚至放弃了字面本身，放弃了这一根本的标准，似乎只要抓住某个狭隘的方面就能保护正统观念。实际上，马克思在开头就给出了一个限定语，"大体来说"。如何以更好的、更清楚的方式说明"生产方式"概念只是一种**简化物**，也就是说，它仅仅保留了每个时代以及整个生产过程的一般的、同质性的特征？它让我们能够区分不同的时期，但把它们之间的差异置之一旁。

第三，当这一概念以教条主义方式表达出来的时候，它与马克思的一个明确的方法论声明发生了矛盾："**生产力（生产资料）的概念和生产关系的概念的辩证法**，这样一种辩证法，它的界限应当确定，它不抹杀现实差别。"[①]

这就是我们在探讨《大纲》的篇幅中，并没有着力于建构抽象的实体——"生产方式"——的原因，取而代之以分析一种生成过程，即探讨覆盖着这一生成过程的所有范围的这一个辩证过程的起源，从一种矛盾的关系出发，即从城市与乡村的关系出发，这种关系从一开始就已经存在，但它在不断地现实化、变形和产生新的形式，有的消失了，有的强大了，直至表现为历史的结果（或"史前史"的结果，这一点依然模糊不清）。

资本主义是如何建立起来的？它的统治来自一个漫长的过程，它既是一个经济的过程，又是一个政治的过程。它没有一个确切的日期，我们不能用那种历史学想法认为资本是一个历史范畴，不能说"资本主

---

① 马克思：《1857—58年经济学手稿》，参看《马克思恩格斯全集》第2版第30卷，北京：人民出版社，1995年，第51页。——中译者注

义从这一刻开始了"。资本和资本主义的形成经历了一个阶段,即"劳动形式上从属于资本"。由资产阶级所控制的大工业,使现有的生产力,即那些与资本主义的生产关系和生产方式不相符的生产力——手工业、制造业、农业生产和商业交换的各种各样的部门——隶属于大工业自身。在转型的过程中,直接劳动依然是基本的要素,例如在手工业和制造业中,而大工业生产成功地把它们整合在一起。对资本主义而言,这些要素是现成的东西,资本主义的前提是使这些要素服从于自身。在大多数情况下,政治的干预加速和巩固了这一经济的过程,因此使市场完成扩张,使资本得以集中。在很长一段时间里,现有的资本仍然处于开始阶段,平均利润率还不是很明显,因为在资本的市场上还没有资本的竞争,而只有产品的竞争。在这一时期,剩余价值率(利润与工资之间的关系)比利润率更加重要。在这一过程中,城市扮演了重要的角色,它使现有的生产力服从于资本,并充当资本积累、市场扩张、平均利润率形成以及政治干预的场所。在这一过程的结尾,一切事物都呈现为资本的劳动力,而不再是劳动本身。

然而,我们不应该从上述的思考中作出推论,把固定的生产方式与结构和矛盾的社会关系的流动性画面二者对立起来。如果这样做的话,我们将回避了马克思的辩证思想,用一种颠倒的幻想来取代原来的错误。城乡关系是一种社会关系,这一点是已知的。它包含着诸种矛盾的关系:自然与社会,直接与中介。它在不断发展和变化。它是一个**历史的范畴**,这一理论概念指出了它的特殊性。因此在马克思之后,我们可以思考,**世界历史**(Weltgeschichte,l'histoire mondiale)与城市一同诞生,它来自城市并且发生在城市之中:东方的、古代的、中世纪的城市。但这一历史运动将带我们走向何方? 走向资本主义的尽头。

在很长一段时间里(从一开始到资产阶级的形成,到商业资本和制造业的统治时期),城乡之间的矛盾对许多历史上存在的社会而言,也就是对那些盛极而衰的社会而言,是深刻的、首要的、基本的。在资本主义的崛起过程中,它是否依然是一种基本的矛盾? 在马克思看来,它

　　　　　　　　　　　　　　马克思主义思想与城市

当然不是。它从属于其他的矛盾，尤其是从属于那些来自生产关系的矛盾：资本与工资，也就是剩余价值，从属于剩余价值的形成和分配过程，并因此从属于**阶级矛盾**。

而且，城乡关系的矛盾特征正在逐渐地消失。城市统治着乡村，社会统治着原初的自然。随着城市资产阶级的崛起，最初的状况发生了颠倒。城市把乡村都市化，从中世纪开始，这一重大的历史结果得以完成。

马克思想要证明，历史的生成过程正是通过它坏的方面得以"前进"。毫无疑问，生产力得到了增长，社会对自然的控制力得到了增强。这种增长相应地产生了一种对立的力量，这种力量影响了社会的整体，尤其是影响了劳动与劳动者。虽然它提供了无限的可能性，但也带来了压抑。这种力量是由什么构成的？如何为它命名？从客观上，它叫作"资本"，从主观上，它叫作"资产阶级"；但从知识的角度，它还有另外一个名字，一个对于平庸的意识形态而言想要求助的名字：**政治经济学**。

作为诸种生产力和生产力本身之间的纽带，城市是经济的中心，也是其怪物般的力量的中心。在城市中，在（它自身的）历史过程中，交换价值慢慢地压倒了使用价值；这场斗争铭刻在城市的高墙上、建筑物上和街道上；城市记录了它的痕迹，为这场斗争作证。同样地，城市也是政治权力的中心，它为资本的经济权力提供保证，保护（资产阶级）生产方式的所有制，确保它免受暴行和暴力的干扰。国家掌握了许多手段：军队、警察以及政治经济学与意识形态（它并非附加的，因为对马克思而言，政治经济学已经属于意识形态，但不能说意识形态没有产生任何效用）。城市也为反对政治权力的政治斗争提供了帮助，它集中了人口、生产资料以及需求、要求、愿望。在这种意义上，它包含着一种无法消解的矛盾，一种不断加深的矛盾，但它已经不能被视为中心（推动力）了。

在《大纲》之后，我们可以假设马克思继续发起他的攻击，继续强调和延伸他的这种历史的视野。事实上,他本来可以认为历史使经济发生了改变、扭转并使之发生根本的转向,历史生成的过程以其不可阻挡的力量席卷了所有障碍。当然,马克思曾经在一小段时期(1845 年到1848 年间)里是这样认为的。从这一角度来看,他本来可以在这些黑格尔的概念之上作出延伸,认为(法国)革命创造了国家,而(无产阶级)革命将会消灭国家。他也可以认为"社会与自然"之间的矛盾将再次兴起,体验一种新的命运,感受一种新的幸运,并设计出一种意料之外的不幸。毫无疑问,马克思思考过这些假设,他著作中的一些片段证明了这一点;但他并没有保留这些假设。为什么?

在资本主义中,政治经济学是基本的。这并不是历史生成过程的一种偶然的结果,这一生成过程就像决堤之水一样。事情要更加复杂。历史上存在的社会当然都有它们的经济基础,没有狭义上的"生产"就没有社会;然而在过去的社会中,最重要的社会关系并不是经济关系。以中世纪社会为例,等级关系建立在一种经济基础之上,但不能简化为后者;领主与仆人之间的暴力关系是"超经济"的,因为它可以通过直接压迫的方式提取农业劳动和手工业劳动的剩余产品,而经济机制(它开始慢慢地出现,但一开始并不存在)并不允许这一点。总而言之,在它们的这些基本的、暴力的、仍处于自然状态下的特征中,对马克思而言,中世纪社会的特有的社会关系表现为**人格化的**、直接的并因此是**透明的关系**①。城市中的社会关系,以及城市与乡村之间的关系也是如此。尽管它们之间存在着矛盾的特征,或者毋宁说由于这种特征和直接性,这些关系是透明的,虽然这些关系会戴上某些面具和服装,但指出了角色、人群以及他们身处的场所、地方和社会地位。这些社会只有一种经济基础,但有许多结构和上层建筑,它们无法从这一基础中解放出来,却享有某种程度上的自由,这种自由从那以后就消失了。这就是为什

---

① 马克思:《资本论》第一卷,参看《马克思恩格斯全集》第 2 版第 44 卷,北京:人民出版社,2001 年,第 178 页。——中译者注

马克思主义思想与城市

么哲学、知识、法律和逻辑、科学与意识形态的模糊不清的混合、宗教本身在这些社会中有着如此重要的地位，会受到如此大的关注。

在资本主义中，经济基础占据了统治的地位。经济起到了支配的作用。结构和上层建筑统筹着生产关系（这难免会产生延迟、差距和不一致）。这些矛盾本身来自生产关系。矛盾在社会中发展到一定的程度，以至于需要某种一致性（否则将分崩离析，或者毋宁说社会无法建立起来），需要内在的一致，虽然它无法消灭这些矛盾，但它缓和或推迟它的效应，并且需要"生产方式"和相应的"系统"。"资本主义生产方式占统治地位"的社会的财富，表现为"庞大的商品堆积"①，《资本论》以此为开头，并且参考了之前的《政治经济学批判》。随着资产阶级的出现，交换价值压倒了使用和使用价值，把它们看作仆人和奴隶。满足人们的需要的对象来源于哪里并不重要，不管它来自肠胃还是来自想象，只要它被出售和被购买。资产阶级发明了政治经济学，这是它的条件、行动方式、意识形态和科学的背景。因此，必须在这一场地上、在它的场地上对它进行攻击。这需要鼓起勇气和承担风险，就像所有在对手的场地上开展的斗争一样；为了与这些公理作斗争，我们可能会受它们的影响。无论如何，**历史范畴**都从属于**经济范畴**。这一状况的严重性以及解决这一状况所需的理论决心，都解释了马克思为什么产生了迟疑；他必须把 1848 年革命的失败以及资本主义在欧洲的飞速上升考虑在内，这一情况标志着经济战胜了历史。政治经济学批判既不能通过历史来完成，也不能以历史（作为生成过程或科学）的名义来完成。它必须发生在政治经济学内部，革命的行动必须从**系统**（在它的内部，首先包含着诸种生产关系之间的矛盾，然后包含着生产关系与**生产方式**之间的矛盾）的内部进行爆破。

从这一观点和角度来看，城市提供了一种背景；在这一背景上产生

---

① 马克思：《资本论》第一卷，参看《马克思恩格斯全集》第 2 版第 44 卷，北京：人民出版社，2001 年，第 47 页。——中译者注

了许多事件和重要的现象,这种分析突出了一个相对中立的布景。城市始终存在,那些经济范畴、工资与资本、剩余产品与剩余价值在这一舞台上上演着它们的故事与悲剧。在这一背景中,思想不占据什么位置。有时候,历史的背景突然移向了前台(premier plan),它要么是一种真空,要么是一种涌现。这就带来了某些问题。

这难道不是《大纲》所开创的、著名的方法论片段的意义所在吗?"当我们从政治经济学的角度考察某一国家的时候,我们从该国的人口,人口的阶级划分,人口在城乡、海洋、在不同生产部门的分布,输出和输入,全年的生产和消费,商品价格等等开始。"[①]马克思在这里有意地制造了一种混淆,因为他讽刺地列举了庸俗经济学家们所统计的东西,他们满足于描述,并且承认这一现有的事实就是"既成事实"。尽管我们不能忽略这些事实,但这一记录只能作为一种不合理的思想的手段!"从实在和具体开始,从现实的前提开始似乎是正确的",但我们很快就会发现这是错误的。因为如果我们接受这一点的话,我们就混淆了具体与直接、知识与描述、实在与既有。"人口就是一个抽象。如果我不知道这些阶级所依据的因素,如雇佣劳动、资本等等,阶级又是一句空话。而这些因素是以交换、分工、价格等等为前提的。"[②]因此,具体的方法从抽象开始,但这是一种科学的抽象:一般的抽象关系,比如分工、价值和货币。从这些以诸种关系为内容的概念出发,思想将试图去把握**具体的起源**(它通过定义而达到这种具体,这种具体是**思想的产物**,而不是一开始就把具体作为前提)。

这种方法将产生一系列的概念以及概念本身。通过把握它们之间的差异,它将重新发现那些被混乱的视角所排除的、简化的内容,它将用分析来取代描述。因此,从一般的**劳动**概念出发,我们重新发现了它

---

① 马克思:《1857—58年经济学手稿》,参看《马克思恩格斯全集》第2版第30卷,北京:人民出版社,1995年,第41页。——中译者注
② 马克思:《1857—58年经济学手稿》,参看《马克思恩格斯全集》第2版第30卷,北京:人民出版社,1995年,第41页。——中译者注

马克思主义思想与城市

的角色,以及在不同的社会中(包括美国和俄国①)生产劳动的表现。我们从城市与乡村的关系、从它们的矛盾以及这种矛盾的诸形态中得出了城市的概念②。

因此,政治经济学批判得到了发展,它内在于作为现实的政治经济学,也内在于作为科学的政治经济学。它并不满足于批判**资产阶级**的政治经济学,它要证明在这一背景下,所有政治经济学都是资产阶级的。它对所有政治经济学提出了批判,同样地,马克思主义对国家的批判针对的不仅仅是资产阶级国家,而是所有国家。因为所有国家都是阶级国家,它属于统治阶级;这一机器使它能够通过意识形态来**遮蔽**矛盾,通过强制的手段来**控制**结果。

这种态度包含着一些内涵:政治经济学的终结,它离不开交换(以及与交换相对立的使用)的终结——劳动(以及闲暇)的终结——城市(以及乡村)的终结。它将会面临许多困难③。

---

① 马克思:《1857—58年经济学手稿》,参看《马克思恩格斯全集》第2版第30卷,北京:人民出版社,1995年,第46页。——中译者注

② 马克思:《1857—58年经济学手稿》,参看《马克思恩格斯全集》第2版第30卷,北京:人民出版社,1995年,第50页。——中译者注

③ 本书英文版包括第四章《恩格斯与乌托邦》,此章已经收入列斐伏尔的"城市七书"之一《空间与政治》一书,故本书原法文版并没有收入此章。我们根据法文版,未译此章。此章中译内容已经收入列斐伏尔:《空间与政治》,李春译,上海:上海人民出版社,2015年,第58—69页。——中译者注

第四章 资本与土地所有制

从《大纲》到《资本论》①，马克思的背景发生了变化，但这并非一种简单的变化。在《大纲》中的方法论和理论的概述虽然存在着一些混乱，但也证明了这一点。马克思根据这种批判的认识构建出真正的科学（科学真理，脱离了意识形态），这种批判的知识找到了它的起点；它知道从哪里做起、如何做起以及自己批判的是什么。与之相反的，确实存在着一种缺失：差异越来越少地得到强调，越来越少地得到阐释和利用。另一方面，理论的连贯性以一种更严密的方式出现，在它的开端已经包含了这一点：**纯粹的形式**。

事实上，《资本论》是以普遍性为开端的，它根据的是《大纲》的方法论规定，但并不完全一致。《大纲》中所包含的普遍性从属于**内容**，它被预设为思想中的一般：生产，生产的层面，社会成员根据他们的需要适应（加工）对象的方式，等等。这种借用于内容的普遍性并没有错，但它并没有免于琐碎。这种平庸无法从**主体**（人、个体、社会等）与**系统**（生产与消费之间、需要与满足之间、客体与主体之间、结构与功能之间的联系）的摇摆中解放出来。

让我们再一次强调，《资本论》明确地从**一种形式**出发，这种形式是

① 由此处开始列斐伏尔进入对《资本论》的研究，而他参照的正是马克思亲自修订过的《资本论》第一卷法文版，中译本参看《马克思恩格斯全集》第 2 版第 43 卷，《资本论》第一卷（根据马克思修订的法文版翻译），北京：人民出版社，2016 年。——中译者注

马克思主义思想与城市

（通过还原的方式）从所有内容中被完全地提取出来的。这是一种精妙的抽象，它所面对的困难不亚于神学，尽管它恰恰有着最科学的特征；对马克思而言，难道不正是它规定着科学思想本身吗？"在一切科学中，开头都是困难的。本书第一章，特别是**分析商品的部分**，是颇难理解的。……实现在**货币形式**上的**价值形式**，是极其简单的。然而，两千多年来人类智慧探索这方面秘密的努力，并未得到什么结果……除了**价值形式**那一部分外，阅读这部著作就没有什么困难了。当然，我指的是那些想学到一些新东西、因而愿意自己思考的读者……我要在本书研究的，是**资本主义生产方式**以及和它相适应的**生产关系和交换关系**。"①

在这里我们似乎已经丢失了城市—乡村的主题、它们的社会关系及其所提出的问题。它们在理论上的分离比在现实中更加明显。这种关系是最初的还原分隔出来的**内容**的一部分，这种还原从社会关系中把一种纯粹的形式抽离出来：这种形式就是**交换形式**。然而，如果这位《资本论》的作者遵守他的诺言的话，他应该在某个理论路程的结尾处重新发现这种重要的关系，使之**产生**、为它**定位**，把它作为社会关系，在**生产方式**中把它看作一个整体，这个统一体受到那些撕裂的、反统一性的、**超越**的力量的折磨。从最"纯粹"、最"简单"的事物出发，**主体**（在它存在的范围内）和**系统**（在它存在的范围内）、**功能**和**结构**应该相遇在一起，在起源的意义上进行解释。

在半个多世纪以前，列宁认为没有人能够真正读懂和理解《资本论》，这是由于当时的读者缺乏对黑格尔辩证法的吸收②。因此，在他看来，读者在阅读马克思的伟大著作的时候缺乏概念的工具。50 年之

---

① Karl Marx, *Capital*, vol. 1, trans. Ben Fowkes (London: Penguin Classics, 1992), 89‑90.——英译者注。参看《马克思恩格斯全集》第 2 版第 43 卷，北京：人民出版社，2016 年，第 16—17 页。——中译者注

② 参看《列宁全集》第 55 卷，北京：人民出版社，1992 年，第 151 页。——中译者注

后，我们应该反问一下这种概念工具是否因太多了而是多余的。我们走近马克思，走近这种充满解释力的精神；我们向他提问，并且马上用浮现在提问者脑海中的话来替代马克思所说的话。这就是所谓的症候阅读。字面的阅读无疑更好，前提是这种阅读没有被正统的注释者用来挖掘马克思主义的土壤、提取出那些老生常谈的引文。这些引文长久地为他们而服务。

再一次强调，这里并不是要阐述《资本论》的方法，也不是阐述阅读《资本论》的方法。关键难道不是在于跟随《资本论》的运动足迹，直到这一路程的尽头吗？马克思不无理由地相信，从最清晰的形式出发，直到这种形式接近于那种完全"纯粹"的形式、逻辑形式，它是形式逻辑所研究的对象①。物质对象的交换形式同样接近于言语的交换与交流形式，接近于语言的形式。这使得马克思能够以（接近于）纯逻辑的方式，说明这种形式所包含的那些联系。这同样使得马克思能够从这一起点出发，构想出一种理论的话语和一连串的概念，使之覆盖资本主义社会的整体，深入细节之中，并且在此过程中重新利用——恰到好处地——这一内容的各个方面：从社会劳动到家庭，从企业到国家，从剩余价值到城乡关系，等等。

在马克思的思想中，这种理论话语把认识和革命结合在一起。它提供了一种关于资产阶级社会和（资本主义定义上的）政治经济学的知识，它同时也是一种批判的和具体的知识。它**是**理论的革命。在此过程中，它与庸俗的话语相遇，与日常生活和商品世界的话语相遇，与作为个体的资本家的话语相遇，还有与之相对应的意识、知识和意识形态的各种模态。在此道路上，它驱散了这些所指，这是为了建立一连串合理的能指，这些能指不再与"真实"相符——这种真实面向那些沉浸于其中的人们——而是从今以后通过把不透明的现实转化为透明的现实

---

① 参看列斐伏尔的《形式逻辑，辩证逻辑》（*Logique formelle，Logique dialectique*），该书详细地阐述了还原（réduction）和重新把握（re-saisie）（内容的修复）的过程。——原注

来对此进行阐明，为摧毁这种现实开辟道路。

这种摧毁了意识形态的理论话语（按照马克思的意思，似乎）并不需要以任何特殊的能力为前提。按照这种理论话语，人们只需要把这些概念连接起来并且提升到抽象的层面。如果说列宁高估了这种知识并且认为只有通过那些被认定的辩证法家们才能理解马克思，那么我们可以相反地认为，概念的连贯性与日常语言中的词语的连贯性是相似的这种假设有点过于乐观了。

为了指明马克思这条道路的方向，让我们从别的途径进入这段路程。假设有一位富有常识的人、一位"经验主义者"，他试图去理解在他周围发生的事情。他计算物品和事物的数量：这张桌子、这张床、这些黄油、这些糖等等，或是这些房子、这些街道、这些建筑。他为这些对象设立了一张清单。为了继续他的研究，他需要询问这些物品的价格；他可以在商店里看到这些生活用品的标签；他不断更新物品的清单、价格的清单。为了继续他的调查，他要去寻找这些物品的所有者得以满足的那些需要。于是，根据马克思的意思，他可以写出一部一般意义上的、而不是批判意义上的政治经济学的专论，这将是一部现存社会的辩解书。然而在任何一个部分，在任何一个时刻，这位"学者"（他事实上知道很多事情）都不能理解这些**对象**之间、这些货币单位之间的任何一种**关系**。他一个一个地对它们进行计数和分类。他不知道**一个物品**为何以及如何能够"价值"一定数量的货币；他永远不会知道他对此一无所知。他也不知道**两个物品**（或者更多的物品）如何以及为何能够价值**同等数量的货币**；相反地，他不知道**一个物品**在它的价格发生变化的情况下，为何以及如何能够价值更多的货币。他仅仅看到**经济事实**，而没有看到**社会关系**。

然而，马克思描述了这些关系。首先，"事物"、物品包含着一种原始的关系。这种关系是二重的，它就在我们的眼前，尽管"能直接交换的形式"不能一眼看出,它是一种在自身包含着对立的"两极形式"①。只有通过这种分析才能显示我们眼前的东西;只有这种认识才能**揭开**这种事物的面纱。它包含着**使用价值**和**交换价值**。使用价值与需要、期望和经济效用相对应。交换价值与这种事物跟其他事物之间的关系相对应,与"商品世界"的所有物品和事物相对应。

这个"商品世界"有着其自身的逻辑和语言,它是理论话语所遭遇的、所"理解"(并因此驱散了它的幻象)的对象。由于它具有内在的一致性,这个世界本能地(自发地)想要扩张它的界限,并且它能够做到这一点。它扩展到整个世界,这就是世界市场。所有事物都可以被出售和购买,都可以通过货币来估价。由它产生的所有功能和结构都重新回到这个世界之中并且为它提供支撑。然而,这个世界不会达到自我封闭的地步。它的一致性有它的界限,人们指望交换和交换价值成为绝对之物,但这种要求往往令人失望。事实上,有一种商品从商品世界中逃脱出来:它就是劳动,更确切地说,(无产阶级)劳动者的劳动时间。他出售自己的**劳动时间**并且保留——原则上的——自由;即使他认为他出售了自己的劳动和身体,他也拥有权利、能力和权力去颠覆商品世界在整个世界范围内的绝对统治。通过这一缺口,各种分散的"价值"能够重新回到其中,包括使用价值、各种自由联合的关系等等。这不是一个偶然的缺口,这种矛盾处于资本主义一致性的内核之中。

剩余价值表现在好几个层面。第一,在单个劳动者的层面上:他在自己出卖给资本家的劳动时间里生产出来的东西,多于他在工资中以货币形式所得到的收获,这种差异恰恰构成了劳动的社会**生产力**。这就是资本主义的结构。第二,在企业或工业部门的层面上,资本家按照

---

① "从一般的能直接交换的形式绝不可能一眼看出,它是一种在自身包含着对立的两极形式,是同相反的形式即不能直接交换的形式分不开的,就像一块磁铁的阳极同阴极分不开一样。"参看《马克思恩格斯全集》第 2 版第 43 卷,北京:人民出版社,2016 年,第 61 页注(23)。——中译者注

　　　　　　　　　　　　　马克思主义思想与城市

投入资本的比例,在平均利润率形成的趋势开始发生的范围内,获得自己的总的剩余价值的一部分。第三,在整个社会的层面,也就是在国家的层面,国家(通过不同的方式:税收、国营企业)从总的剩余价值中抽取重要的一部分,并且强有力地在资产阶级社会的各阶级的各个阶层和派别之间进行分配;尤其是国家管理着一个社会必不可少的大型公共服务,虽然这些服务所构成的社会并非与生产—消费的经济关系相符合,但它们构成了资产阶级社会的基础。它们包括学校和大学、交通、医疗和医院以及"文化",**因此也包括城市**。

《资本论》依次研究了:

(1)**剩余价值的形成**,它通过劳动和剩余劳动(它使资本的积累得以可能)来实现。一般意义上的资本家,几乎每一个都会以各种各样的方式,竭尽全力增加他们的利润,也就是增加他们的那部分剩余价值,诸如:延长劳动日,增加生产力,改善技术或组织,加快资本的运转。这给他们带来了各种困难的问题,尤其是关于生产过剩的问题。

(2)**剩余价值的实现**:事实上,A—M—A(货币,商品,货币)的循环必须得以完成,并且以尽可能快的方式来运转。货币成为资本被投入其中;劳动在这种活动中生产着商品;这些商品必须重新转化为货币,也就是说它必须被销售出去才能够产生利润。销售,为实现利润(剩余价值)的销售,这种忧虑困扰着单个资本家,刺激着资本家及其代理人,他们作为一个阶级,给予了他们一种精神。每个资本家都希望从这种不可抗拒的必然性中解放出来,希望他的货币能够直接生产出货币。比如,把希望寄托在(地产、证券交易等)投机活动中。这种幸运只会发生在少数的资本之中;在某种意义上,有些过度的行为会导致系统的失调。从整体上,资本主义和资本家必须继续这个没有终点的过程,这个神奇的**恶性循环**(circulus vitiosus)(A—M—A—M—A,等等)。

这就是他们的西西弗斯式的滚石①！

（3）**剩余价值的分配**。每一个资本家都把他的投入资本看作一个水泵，从大多数人中抽取剩余价值。在表面上，资本家仅仅剥削了"他的"工人和雇员。事实上，资本家所构成的阶级，也就是说资产阶级剥削了**整个社会**，包括那些非无产阶级、农民、雇员等等；但首当其冲的是无产阶级。剩余价值的总量被分配到**各种各样的部类**之中，包括土地所有者、商人以及所谓的自由职业者，等等。这种分配在全球范围内实行。国家对此进行监督，阻止过度的行为突然发生。另一方面，它从剩余价值中提取重要的一部分，特别是通过税收制度，从而维持社会的生活，维持知识和教育、军队和警察、官僚和文化等的生活。我们知道资本主义国家很少把金钱投入文化之中，因为资产阶级仅仅相信自己的经济基础；此外，它仅仅维护那种能够被资产阶级社会利用和整合的文化。在资本主义国家看来，**社会需要**仅仅是为了迎合资产阶级的需要。国家所维护并不断完善的契约（法律）制度作为（政治）权力建立在**私有财产**之上，建立在地产（不动产）和货币财产（动产）之上。

（《资本论》）这种清楚连贯的分析提供了一种关于资产阶级社会以及资本主义的、完整的（批评的）叙述。理性的、并且因而是革命的话语，从这一逻辑的开端走向另一个极端，走向这一路程的终点：资产阶级社会的运行。具体，即社会实践，出现在这一进程的结尾，在一开始它作为一份有待破译的文本，而在结尾它是作为一种已知的（按照某些当代思想家的说法，解码的）总体性而出现。然而大部分读者，尤其是"有学问"的读者只是在寻找适合自己的东西，东寻西觅，时而在这部作品的开头（商品理论和商品拜物教理论），时而走得更远（阶级理论），但很少走到结尾，走进社会总体性及其内在趋势的理论（走向资本的垄断

---

① 西西弗斯是希腊神话中的人物，是科林斯的建立者和国王。西西弗斯因触犯了众神，诸神便惩罚西西弗斯，要求他把一块巨石推上山顶，而由于那巨石太重了，每每未上山顶就又滚下山去，前功尽弃，于是他就不断重复、永无止境地做这件事。西西弗斯的生命就在这样一件无效又无望的劳作当中慢慢消耗殆尽。——中译者注

性集中,或者走向一种以工人阶级的行动为支撑的规划合理性的统治)。

这里还存在着另一个难点,需要我们重新给予重视。虽然这部著作涉及广泛的领域,但它是未完成的。这一理论应当以**剩余价值的分配**的整体理论而告终,正如人们所说,这为读者留下了渴望。它既没有澄清"主体"(阶级和阶级的派别),没有澄清其(按照其定义)所构造的生产方式,也没有澄清其所包含的(法律的、税收的、契约的等等)系统和子系统。为什么这些未完成的东西与我们息息相关?最重要的原因在于,在资本主义条件下,关于马克思主义的地产理论并没有完成。不动产的所有者所构成的阶级,如何以及为何延续到以动产为强力主导的资本主义之中?地租从何而来?它意味着什么?这一问题包含了农业、畜牧、采矿、水源等问题,当然也包括了城市的**建筑领域**。在这一点上,我们不能过度抬高它的重要性,我们需要留意马克思的见解,并且把这些见解集中起来并加以解释。

现在让我们回到城市的问题。城市的概念本身归属于历史。它是一个**历史范畴**。但我们已经知道,对资本主义的分析和叙述包含着历史和诸种历史范畴,而它们从属于经济和经济范畴(概念)。它根据的是资本主义本身的内在结构。因此,经济范畴都"带有自己的历史痕迹",因为"劳动产品要转化为商品,需要有一定的历史条件"①。货币所有者或商品所有者,与仅仅拥有劳动力的所有者之间的关系,绝对不是自然的关系,也不是一切历史时期所共有的关系。它显然是一种历史发展的结果,甚至是一系列摧毁先前的社会形态的革命的结果。"虽然在地中海沿岸的某些城市早已出现了资本主义生产的最初萌芽,但是资本主义时代是从 16 世纪才开始的。在这个时代来到的地方,农奴

---

① 参看《马克思恩格斯全集》第 2 版第 43 卷,北京:人民出版社,2016 年,第 169 页。——中译者注

制早已废除,中世纪的光荣——主权城市制度也已经衰落。"①但历史并不足以说明这些关系、它们的形式和形成过程。

城市本身成为这些历史条件的一部分,被包含在资本主义之中。它是先前的社会形态被摧毁的结果,是资本的原始积累(它在城市中并且通过城市而得以完成)的结果。它是一种**社会的物**,社会关系在其中变成了可感觉的物,而社会关系本又是不可感觉的②,因此我们必须通过思想来进行构思,从它们的具体的(实践的)实现出发。在此范围内,在客体化的社会关系中,16 世纪的商品流通、贸易和市场的建立是资本的起点③。"货币的魔术"由此而来,这种不可思议的、野蛮粗暴的力量来自这些物——金和银——它们一从地底下出来,就立即表现为人类劳动的化身④。在城市中,商品世界在其抽象的自身(因为它是由脱离于使用的关系所构建的)中,与自然相遇,模仿自然,它能够充当自然界,用自己的物质化身充当自然。在这里,资本的需求和资产阶级的需要既被看作自然的,也被看作社会的(用我们今天的话来说,"文化的")。在都市的背景下,这些由历史所造就的需要在这里成为不可或缺的东西。事实上,"劳动力从价值观点来看包含着一个道德的和历史的要素,这使它和其他商品区别开来。"⑤所谓自然需要的数量,和满足

---

① 参看《马克思恩格斯全集》第 2 版第 43 卷,北京:人民出版社,2016 年,第 770 页。——中译者注

② "生产者之间的体现他们的劳动的社会性的关系,取得了劳动产品的社会关系的形式。正因为如此,这些产品变成了商品,也就是说,变成了既是可感觉的又是不可感觉的物或社会的物。"参看《马克思恩格斯全集》第 2 版第 43 卷,北京:人民出版社,2016 年,第 66 页。——中译者注

③ "商品流通是资本的起点。资本只是在商品生产和贸易已经达到一定的发展阶段才出现的。两大陆的贸易和市场的建立在 16 世纪揭开了资本的现代史。"参看《马克思恩格斯全集》第 2 版第 43 卷,北京:人民出版社,2016 年,第 143 页。——中译者注

④ "这些简单的物,即银和金,一从地底下出来,就立即表现为一切人类劳动的直接化身。货币的魔术就是由此而来的。"参看《马克思恩格斯全集》第 2 版第 43 卷,北京:人民出版社,2016 年,第 87 页。——中译者注

⑤ 参看《马克思恩格斯全集》第 2 版第 43 卷,北京:人民出版社,2016 年,第 171 页。——中译者注

这些需要的方式一样,取决于"所达到的文明程度"。虽然它包含着作为个人的资本家的过度的希望,但它限制了劳动力的剥削。"工作日的延长还碰到道德界限。劳动者必须有时间满足精神需要和社会需要,这些需要的数量和性质由一般的文明状况决定。"①这里我们应当注意(而且在后面也会发现),马克思把**文明**(civilisation)概念与**社会**(société)(或多或少达到了高于文明的程度)概念区分开来,因此也与构成性的社会-经济关系区分开来。文明离不开社会,与此同时,文明由社会所决定并且受到它的限制。这些主导性的概念,比如关于社会、生产关系和生产方式的概念,它们并不排除用一种更宽泛的概念来对它们进行囊括。十分清楚的是,都市背景(城市及其与乡村的关系)并非对"文明程度"漠不关心。

下面让我们按照以上所提到的顺序,来对城市形式的功能和结构进行考察,这种城市形式是通过历史遗赠给资产阶级社会的。

(1)**从剩余价值形成的角度来看**。城市并不具有一种基本的功能。事实上,剥削的场所、剩余价值最初形成的场所是生产的单位:企业、资本主义意义上的"社会"、工业部门以及大规模和中等规模的农业生产单位(利用雇佣工人)。

因此,城市作为历史的产物,为资产阶级社会提供了我们所谓的背景。马克思极少提到他的这一概念,让城市本身在场;它一般涉及某个英国城市,如伦敦或曼彻斯特②。然而,对马克思而言城市只是一种生产力。它包含着一部分重要的、过去的、固定的劳动,也就是字面上讲的死劳动,资本家支配了这种死劳动从而获得了活劳动;它也包含了那

---

① 参看《马克思恩格斯全集》第 2 版第 43 卷,北京:人民出版社,2016 年,第 237 页。——中译者注

② "火柴制造业是从 1833 年发明用木梗涂磷的办法之后出现的。自 1845 年起,它在英国迅速地发展起来,并由伦敦人口稠密的地区传到曼彻斯特、伯明翰、利物浦、布里斯托尔、诺里奇、纽卡斯尔、格拉斯哥等地,它同时也使牙关锁闭症蔓延到各地。"参看《马克思恩格斯全集》第 2 版第 43 卷,北京:人民出版社,2016 年,第 252 页。——中译者注

些从劳动工具每天的损耗①中幸存下来的东西；它以一种机构的方式维持着分工，后者对于资本主义的运行而言必不可少；它因此在它的内部维护并改善着社会分工；它使生产过程的诸要素相互接近。

在这里，城市在生产力的内部、在资本主义中所扮演的角色已经扩张得更远，远远超出那些肤浅的探究所假设的范围了。马克思之后的、最近的经济学家已经证明了都市现实的这些功能，它在空间和时间里集中了生产的这些方面：企业、市场、信息和决策等等。对马克思而言，这些磁场效应或倍增效应的重要性比不上另一种更深刻的影响。资本主义社会**倾向于把自身的诸条件彼此分离开来**。分离效应内在于这种社会、内在于它的效率之中；在实际上，它建立在被分析的智慧推向极限的分工的基础之上。这种分离**揭示**了这种社会的、内在的（不可感觉的）诸矛盾（通过把它们投射到土地上，通过使它们变成可感觉的方式）。当它把这些生产要素分离开来的时候，这种隔离可以为资本主义带来优势；一旦它摆脱了某些限制，这种分解的运作会带来一些麻烦②。我们所说的"经济危机"是由如下种种生产要素的**分离**（dissociation）所造成的：货币与商品（这种循环被中断了，因为这些商品在市场上不再实现其交换价值，以及混合于其中的剩余价值），使用价值与交换价值，死劳动（资本）与活劳动（劳动力），等等。我们发现，从根本上说，正是在资本主义的基础上，存在着生产者（劳动者）与生产资料之间的分离，以及最初的交换分解为两种不同的行为——生产和出售（货币支付），这引起了生产过程与流通过程之间的分离，"彼此独

---

① "一切劳动工具每天的损耗，劳动工具每天往产品的价值上转移多少自己的价值，都是用这种方法来计算的。"参看《马克思恩格斯全集》第 2 版第 43 卷，北京：人民出版社，2016 年，第 206 页。——中译者注

② "流通扩大了社会劳动的物质变换的领域，使生产者摆脱掉那些与他们的产品的直接交换分不开的地方限制和个人限制。另一方面，这种发展本身造成了一整套不以流通的当事人为转移并不受他们控制的社会关系。"参看《马克思恩格斯全集》第 2 版第 43 卷，北京：人民出版社，2016 年，第 107 页。——中译者注

　　　　　　　　　　　　　马克思主义思想与城市

立,就会发生危机"①。在危机之后,当现存的矛盾得到暂时地解决的时候,这种混乱的秩序会重新建立起来。资产阶级社会清除了自身中过剩的东西,不管是以资本的形式还是以生产资料的形式;这一过程的统一性以及扩大再生产的可能性得以重建。一场好的战争也能起到同样的作用。然而,都市背景以及城市本身以一种持续的方式反对这种分离,反对这一过程在空间与时间的诸条件上的分解;这一背景涉及并包含着诸种凝聚力,尽管反凝聚的力量也在这里得到表现。

城市包含着生产机器所需要的人口和"预备军",资产阶级需要后者来对工资产生影响,从而掌握劳动力的"方向盘"。城市作为商品市场和货币(资本)市场,它也成为劳动(劳动力)市场。资本主义制度一旦占领农业,在那里对劳动的需求就随着资本的积累而减少。"一部分农村人口经常准备着转入城市人口。"②乡村与城市中的**潜在的过剩人口**,是资本主义特有的现象之一。在乡村里,这些过剩的人口从技术进步和资本在农业生产中的投资中解放出来;在城市里,这些人口是不稳定的,它根据由资本家掌握的工业的需要,并且按照他们的需求而被管理。难道还需要强调,马克思所分析的这种现象(《资本论》第一卷第二十五章)已经成为**世界性的**(mondial)现象吗?这里存在着人口上和财富上的(潜在的)过剩(尽管会有些战争),因为这一宏大的过程把人和财富分离开来。

工业的生产力虽然倾向于集中在城市之中,但它对乡村也产生了强有力的影响。大工业在农业以及以农业生产为中介的社会关系中掀起了一场真正的革命:耕地面积增加,但(相对的和绝对的)农村人口减

---

① "在单纯的商品形态变化中已经显露出来的危机可能性,通过(直接的)生产过程和流通过程的彼此分离再次并且以更发展了的形式表现出来。一旦两个过程不能顺利地互相转化而彼此独立,就发生危机。"参看《马克思恩格斯全集》第 2 版第 34 卷,北京:人民出版社,2008 年,第 575 页。——中译者注

② "一部分农村人口经常准备着转入城市或制造业人口,经常等待着有利于这种转化的条件。"参看《马克思恩格斯全集》第 2 版第 43 卷,北京:人民出版社,2016 年,第 689 页。——中译者注

少,乡村人口流失。"与所有其他地方相比,大工业在农业领域内所起的更为革命的作用,是消灭农民——旧社会的堡垒,并代之以雇佣工人。因此,农村中社会变革的需要和阶级斗争,就和城市达到了相同的程度。"①资本主义的生产方式通过对科学的技术运用,取代了常规的对土地的剥削。资本主义生产使它汇集在各大中心的城市人口越来越占优势,它聚集了那些能够改变社会的力量。与此同时,它破坏了城市工人的身体健康和农村劳动者的平衡状态;更糟糕的是,它使人与自然之间的有机交换发生混乱。"资本主义生产在破坏落后社会几乎是自发地完成这种物质循环的条件的同时,又强制地把这种物质循环作为调节社会生产的规律,并在一种同人的充分发展相适合的形式上系统地建立起来。"②在现代农业中,也和在城市工业中一样,"劳动生产率的提高和劳动收益的增大是以劳动力的破坏和衰退为代价的"。资本主义生产利用了劳动的技术和组织,同时耗尽了那些能够迸发财富的资源:土地和劳动者。但这种状况将会出现彻底的改变。

农业劳动者的分散摧毁了他们的抵抗力,而这种集中则加强了城市劳动者的力量。

城市在这种转变中继续扮演着重要的角色,虽然它不是原动力。这一角色是由什么构成的? 它为生产力、劳动生产力和技术使用的增长作出了贡献;相反地,在生产中,劳动技术和组织的结合为城市人口的增长和城市重要性的提高作出了贡献。乡村消失了,表现为两方面:一方面是农业生产的工业化以及农民的消失(进而是农村的消失),另一方面是土地的毁坏和自然的破坏。

社会的完全都市化(L'urbanisation complète de la société)早在资本主义之前就已经存在着征兆并开始出现,(以往的状况的颠倒成为新

---

① 参看《马克思恩格斯全集》第 2 版第 43 卷,北京:人民出版社,2016 年,第 530 页。——中译者注

② 参看《马克思恩格斯全集》第 2 版第 43 卷,北京:人民出版社,2016 年,第 531 页。——中译者注

的社会即资产阶级社会的条件的一部分），在大工业、资产阶级和资本的统治之下继续进行甚至加速发展。这是一个革命性的过程，因为它改变了整个地球的表面和社会。然而，这一过程不会在资本主义生产方式的范围内、以一种一致性的方式而完成；它存在着消极的方面，这种消极的方面推动它前进，但倾向于毁灭和自我毁灭。资本主义破坏了自然和它自身的诸条件，准备并宣告了自身的革命性的消失。只有在此之后，社会与自然之间、后天与先天之间的交换（广义上的：有机交换以及经济交换）才能"作为调节社会生产的规律，并在一种同人的充分发展相适合的形式上"建立起来①。

由于与生产力联系在一起（进而与剩余价值的形成联系在一起），城市因此成为这一广泛的矛盾过程的中心。它吸收了乡村并破坏了自然；它也摧毁了自身的生存条件并且必须"系统地对它们进行重建"。虽然城市本身并没有外在于生产力，也没有对资产阶级社会中的社会关系漠不关心，但只有在剩余价值的实现中，城市才（从经济上讲）进入前台。

（2）**从剩余价值实现的角度来看**。这种实现首先需要市场，然后需要一种特殊的信用、贴现、资金转账制度，使货币（钱币）能够充分实现它的功能：调节交换价值、商品流通以及支付方式。

显然市场的扩张与都市现象的扩张联系在一起。毫无疑问，贸易使中世纪城镇开始形成，但城市对贸易也产生了反作用和刺激，并使之扩展到整个世界。即使在城市周围的乡村保留着地方性的小市场，或者反过来，城市把"贸易中心"分散到它的领地之中，更多的交换还是集中在城市之中。另一方面，城市为银行制度提供保护，这种制度建立于中世纪，它为钱币（现金）的功能提供保证。与银行以及银行制度一同产生的，是为连接支付和相互补偿而准备的办法，货币制度发展为信用制度。它免除了现实的支付并代之以本票，通过一种"信用的"或"书面

---

① 参看《马克思恩格斯全集》第 2 版第 43 卷，北京：人民出版社，2016 年，第 531 页。——中译者注

的"货币,这种货币要求信任。在经济危机期间,我们看到货币危机的出现。那时候货币不再以它的理想形式(书面形式)发挥作用。人们需要现金。自以为是的经济学家和狂妄自大的资产阶级声称,就像他们依然认为的那样,金和银仅仅是幻象。但这里幻象成为现实,它与表象区分开来! 流动性是必需的,否则商品将停滞不前,腐烂在仓库和码头之中。那么城市又是什么? 城市是这些资产阶级戏剧发生的剧场,它们在各种各样的人民的派别中产生回响,这一剧场是为失业者而设的,因为"富人不再拥有货币……"

因此并且只有通过这种途径,在这一发展阶段中,在这一背景和"人造的"制度中,在尽可能远离自然的过程中,货币及其所带来的东西(资本和资产阶级的权力)统治了商品,统治了它的条件、它的前身和它得以诞生的世界,它从中获益并维持着这种状况。货币因此成为"财富的社会物质",它最大限度地从使用价值和真实物质中解放出来。

对城市人口的分析并没有完成。马克思知道大工业不会自我满足。他表示,大工业的领域可能面临着限制,它不能覆盖所有的社会生产(它在其中依然占据统治地位)。一群小企业依赖于一家大规模的工业企业并聚集在它的周围;有的是手工业,有的是制造业,而有的属于小规模和中等规模的工业。它们从事什么工作? 修理、维护、提供备用零件和结尾工作等等。因此许多附属的企业围绕在一个大的统一体周围,这一统一体每时每刻带动着它身后的生产活动。同样地,在乡村里,小农、农业工人在一片大的(领主的或资本家的)区域周围耕作,为了争取自己的一小片土地,而中农则获得中等规模的土地。这些具有依赖性的企业的集中带来了某些优势;另一方面,如果这些企业远离了城市区,它们就有助于把乡村吸收到城市之中。它们成为大工业的卫星,它们也因此无法逃脱分工和资本主义本身。

最后尤其值得注意的是,城市和城市区把"服务"(services)集中在一起。

这里我们将面对三种困难、三种古老的理论探讨。这些众所周知的"服务"是由什么构成的？如何定义？马克思主义的教条主义者，尤其是那些急于争取客户的政治家正在寻找某些标准。有些人认为，"工人"必须是体力劳动者；有些人认为，工人必须能够创造剩余价值。这引发了无休止的争论和诡辩，尽管这一问题（关于**阶级**的问题，阶级虽然有它的派别的特殊性，但保持着一个统一体）不是一个假问题。运输工人、银行和商业的雇员，他们是否直接产生剩余价值，即使他们没有生产出任何"物品"或商品？他们是否间接地贡献了剩余价值，因为他们介入商品的流通之中，这种流通对剩余价值的实现必不可少？他们是否从总的剩余价值中获得报酬？

这里我们不回应这种古老的、空洞的讨论（理发师学徒生产剩余价值，而理发师师傅收取一部分总的剩余价值，等等）。重要的是，马克思区分了**生产性劳动**（travail productif）（物、商品）以及**非生产性的、但社会必要的劳动**（travail improductif，mais socialement nécessaire）（比如，学者、教育者、普通教师、医生的劳动等等）。而且对马克思来说，如果所有生产性的劳动者是被雇佣的，那么所有被雇佣者都不是立即和直接具有生产性（物、可交换的财富）。而至于"服务"，这一表达仅仅是用来指称一种**使用价值**，它通过一个能够支配自己的生产方式的"活动者"而换取一定数量的金钱；他提供一种"服务"，作为一种活动，这种服务作为一个物品而被买卖，但它不一定是一个物品。物质劳动可以作为"服务"来购买，比如工匠维修一条水管或煤气管。同一类型的活动可以看作生产性劳动或非生产性劳动；马克思说，诗人生产诗，就像蚕生产蚕丝一样，都是本性使然；但诗一旦出版，他就通过出版商和书商并且为他们生产了剩余价值；他为印刷工人提供了生产性劳动，等等①。

---

① See Karl Marx, *Theories of Surplus Value*, vol. 1, "Addendum 11: Apologist Conception of the Productivity of All Professions" (Moscow: Progress Publishers, 1971).——英译者注。列斐伏尔所引用文字并没有严格的原文，从意思上看大致内容可参看马克思：《剩余价值理论》第一册，载《马克思恩格斯全集》第 26 卷（Ⅰ），北京：人民出版社，1972 年，第 415—416 页、第 432 页等处。——中译者注

这种论战由来已久。马克思反对亚当·斯密的"生产主义",斯密作为大经济学家、理论家和资产阶级社会的"经典"思想家,却无法对政治经济学以及自身的经济主义提出批评。斯密梦想着(以乌托邦的方式,但对他而言是一种"积极"的方式)一个社会仅仅由生产者所构成,生产者最大可能地提供物品、社会生产性的劳动并因而最大可能地提供剩余价值(虽然斯密并没有得出和表达这一概念)。相比于作为清教徒和道德主义者的斯密而言,马克思更具有自由的精神,因为他站在了经济和经济主义批判的对立面,他并没有把作为"寄生物"的各种各样的"服务"排除出去。此外,有趣但矛盾的地方在于,如果我们对工人运动和所谓的"无产阶级政治"进行反思,我们会发现它往往采取资产阶级经济学家的立场来反对马克思的思想。经济主义、生产主义和道德主义都有它们各自的需求。

我们重新回到这一问题:在广义上,"什么是生产?"在此意义上,生产是知识、作品、快活、享乐的生产,而不仅仅是物品、物体、可交换的物质财富的生产。马克思总是反对**还原**以及还原思想的倾向,他在他周围的人里发现了这一点,尤其是在经济学家之中。人们不太愿意去遵循马克思,更不用说去理解马克思了。

现在需要回答第二个问题:"什么是社会?"我们已经提到,对马克思而言,大工业创造出一个工人阶级,但它没有创造出一个社会。这里只是在狭义的"生产"上讲。一个"社会"需要各种各样的人和活动。在《哥达纲领批判》(1875)中,马克思严厉地提醒工人运动的领导者们,认为这种运动已经建立在一种经济主义和政治国家主义的混合之上。在一个社会中,需要有艺术家和专业的演员。一个社会中有寄生虫吗?当然有。比如,投机者希望他们的金钱能够直接"产生"和创造金钱。我们无法简单地在社会必要的非生产者与寄生虫之间划分出一条清楚的界线。今天有人还不知道马克思在某个片段中讽刺地赞美了罪犯:"哲学家生产观念,诗人生产诗,牧师生产说教,教授生产讲授提纲,等等。罪犯生产罪行。如果我们仔细考察一下最后这个生产部门同整个社会的联系,那就可以摆脱许多偏见。"①罪犯生产什么？法律、警察和正义、道德、侦探小说、悲剧的感觉等等。总而言之,他打破了资产阶级生活的单调乏味和日常的四平八稳。他防止了资产阶级生活的停滞,造成令人不安的紧张与动荡,如果缺乏这种流动性,竞争所带来的刺激就会变得迟钝。因此他就推动了生产力②。

城市包含着我们所列举和分析过的一切事物:过剩的人口、大工业的卫星城、所有类型的"服务"(从最好的到最坏的)。别忘了行政和政治的机器、官僚和领导者、资产阶级和它的随从。因此城市与社会走到了一起,混淆在一起,因为城市作为"首府"(capitale,该词也有"资本"之意),把资本主义权力本身——国家吸收到它的内部。在此背景下产生了社会资源的分配,这是一种阴谋算计和疯狂浪费的奇妙混合。

但是在采取这种视角(剩余价值的分配)之前,我们面临着罗莎·卢森堡所提出的问题。虽然这种"卢森堡主义"的总问题式是在马克思以及《资本论》的分析之后提出的,但我们不能因为它是一种结果而回避它。更重要的是,我们将对卢森堡所提出的问题作出回应,而这种回应在我们所列出的马克思的文本和论题中已经出现,但还没有明确地表达出来。

在《资本积累论》中,卢森堡指出了马克思主义理论和《资本论》中关于剩余价值的实现这一部分的一个弱点③。在工厂中劳动的工人只能购买产品的一部分,这与他们的工资相对应。然而,在马克思主义理论看来,这一部分是微不足道的,因为工资的总量与构成剩余价值本身

---

① 马克思:《剩余价值理论》,参看《马克思恩格斯全集》第 2 版第 32 卷,北京:人民出版社,1998 年,第 349 页。——中译者注

② See Marx, *Theories of Surplus Value,* vol. 1, and *Œuvres choisies,* 2:205 - 206.——英译者注。马克思:《剩余价值理论》,参看《马克思恩格斯全集》第 2 版第 32 卷,北京:人民出版社,1998 年,第 350 页。——中译者注

③ Rosa Luxemburg, *The Accumulation of Capital*, trans. Agnes Schwarzschild (London: Routledge Classics, 2013).——英译者注。中译本参看[德]卢森堡:《资本积累论》,彭尘舜、吴纪先译,北京:三联书店,1959 年。——中译者注

的产品的总价值之间存在着差异。这种剩余价值只有在资本主义社会之外的市场中才能实现。剩余价值只有在农民和非工业化的民众之中才能实现,这种交易不可避免地走向破产。因此伴随着一场决定性的危机,资本主义不可避免地走向崩溃。在工业资本主义的周围,资本主义吞噬了那些自给自足的市场;资本主义摧毁了自身的条件并因此摧毁了自身。马克思预料到了这一点,但不完全是在卢森堡的意义上。

列宁给出了回应,认为资本家在资本主义内部实现了一部分重要的、足够的剩余价值,因为大工业(《资本论》中关于生产的第一篇)主要被包括在**生产资料**、机器和原材料的生产之中。这些大工业的产品由其他资本家购买和支付。由于后面的资本家把他们的可用资本投入生产之中,生产力得到了增长。生产过剩内在于这一过程之中,表现为萧条或周期性危机(不是最终的危机,正如卢森堡所预料的那样)。

这里我们可以为这种列宁主义的论据提供补充。在现代城市中,在大工业生产和官僚权力周围出现了十分混杂的阶层,工人的、雇员的以及各种各样的职业的。这些阶层并不处于"大工业—无产阶级"的两极化之中。但是,它也不处于资本主义之外,既不处于生产之中,也不处于市场和消费之中。它们既不符合工业无产阶级的定义,也不符合体力劳动或直接的生产性劳动的定义。虽然大工业(第一部门)可以让一部分产品在资本主义的环境中出售,虽然它为了剩余的部分而寻找外部的市场,但是在第二部门(可消费的商品的生产)中相当大的一部分产品流入都市的环境中,这已经远远超出了严格的工人阶级的范围了。在资产阶级所统治和管理的社会中,这种市场不会转化为工人阶级的市场。存在着一个内部的市场,资本主义的领导者采取这种战略(已经有几十年的时间了)使之得以扩张。当然,求助于外部市场的做法是必不可少的和具有刺激性的,但并不像卢森堡所想的那样具有绝对的必要性。否则,资本主义中的生产力的增长是难以理解的①。

---

① 这是针对某些卢森堡主义和托洛茨基主义的跟随者而言的。——原注

然而在广阔的尺度上,卢森堡难道没有道理吗？资本主义社会的经济和政治中心是为了确保产品的出售,也就是剩余价值的实现;它们不仅(通过广告)操纵着市场,而且(通过关税制度和价格稳定制度)保护着市场;它们对市场进行控制。剩余价值的再生产和社会生产关系的再生产不再分离开来,除非出现新的矛盾。在大城市的扩张和国土整治的过程中,社会空间本身被生产出来,与此同时它也受到监管和控制。因此,如果这种工业国家中的资产阶级失去了外部市场,它就会把殖民主义搬回到国内。与这些中心(经济生产和政治决策的中心)相比,郊区为这些新殖民主义、新帝国主义的现象提供了场所。在都市空间之中并存的各社会阶层很少有农民,但许多人口受到这些中心的驱散和统治。现代城市(大都会、特大城市)既是中枢、工具,同时又是新殖民主义和新帝国主义行动中心①。

我们如何从马克思出发,去解释他没有预料到的和无法预料到的事实的整体？通过这些解释(矛盾的解释:卢森堡和列宁)而回到马克思,我们将会发现地产和地租的重要性。

(3) **从剩余价值分配的角度来看**。这种分配进入了资本主义社会的最高水平:总体的,也就是国家的甚至是世界的(在世界市场的范围内,资本在世界市场上的竞争,等等)。这种分配发生在经济层面和政治层面。在经济上,每一个资本家按照他所投入的资本的(大概的)比例,获得了他的那一部分剩余价值。在总的范围内形成了一种平均值,即平均利润率,它依赖于各种各样的变数,尤其是资本一般的有机构成。资本家在他的语言中,计算着生产的成本、折旧、利润、支付给贷方的股息、投资的预算;他从中得出他的会计学,他的出发点是一种对他而言比较稳健的经验主义和一种与之相适应的逻辑。马克思主义思想对这同一种资产表提出不一样的看法,它使用了另一种语言和概念:不

---

① Cf. Samir AMYN, *L'Accumulation à l'échelle mondiale*, Anthropos, 1970.——原注。中译本参看[埃及]萨米尔·阿明:《世界规模的积累:欠发达理论批判》,杨明柱等译,北京:社会科学文献出版社,2008 年。——中译者注

变资本(投资和死劳动)、可变资本(工资、支付给劳动的流动资本)、资本的有机构成、剩余产品、剩余价值、平均利润率。这两种语言、这两种"会计学"可以相互对应,但后者通过驱除资本主义幻象和资产阶级社会的表象的方式,为前者提供了解释。

在政治上,国家从剩余价值中提取出一部分,用于支付资产阶级社会的一般费用,这是任何单个的资本家都无力承担的。它是如何进行的? 它通过"征收"税收的方式,并且最大限度地保护领导阶级的利益。税收制度是通过许多方面来相互补充的①,比如通过国家垄断的方式,以及出售那些满足各种"需要"、但无法保证其社会特征的商品(盐、烟草、火柴、国家盖章的文件等)。这笔巨大的总量为许多目标而服务。首先是为了**维护国家的官僚**(它通过保证自身条件的再生产而再生产出自身,它倾向于保证生产关系在整个社会中、在生产方式中的再生产)。因为国家有其自身的利益,通过这些利益,尤其是在西方和在法国,它倾向于把自身建立在社会之上,掩盖这种社会的诸矛盾,通过镇压的力量来压制这些矛盾,或者把它们掩藏在意识形态的乌云之下,总而言之,使一种混杂的"国家理性"——在意识形态上——与一般的理性占据统治地位。同样地,国家通过官僚维护着一个镇压的机器:军队、警察、司法机器等。

但国家也应当管理和关注**社会的需要**,也就是整个社会的需要。这些社会需要的清单以及它们之间的连接是永远无法自行建立起来的。在政治层面上,一切都是力量关系的问题;但是在这一点上(相当重要的一点),民主国家(无论是否属于资产阶级)依然对来自下层的压力和要求保持敏感和开放。它的这种矛盾制度不能凝固不动。新的需要——社会需要和个人需要——开始出现,首先众所周知的是工人本身的需要,以及部分大的群体的需要:女性、儿童、病人、老人、犯人、精神失常者等等。

---

① 显然马克思无法了解这些现代发展的样式,比如混合型公司。——中译者注

为什么要回到现代社会的这些方面？因为我们可以预见到,都市生活的需要、**城市**的需要很快被纳入这些"社会需要"之中。城市被看作社会的统一体,看作人("文化")与自然之间的(社会)关系的场所,自有它的历史以来就能够成为国家的政治分配、总的剩余产品(剩余价值)的受益者之一。**但事实并非如此。**只有到了 20 世纪甚至是 20 世纪后半叶,那些非常模糊的、非常具有倾向性的观念才以它们"客观"的外形、形象和隐喻的方式出现,而不是以概念的形式:都市规划、"集体设施"、国土整治等等。

当马克思本人在《哥达纲领批判》中列举了社会主义社会需要考虑的那些社会需要的时候,他指的是什么东西?与生产无关的一般管理费用(这种费用注定要减少,进而在改造后的社会中消失),学校、公共卫生(这些要素注定要大量地增长),为无法工作的人准备的基金(用我们现在官方的语言来说,公共救济)。① 都市的需要毫无疑问进入"公共卫生"之中,不过这只是一个简单的叫法。

人们逐渐发现这一概念的缺失,即为了满足正在发展过程中的"社会需要"的生产(规划)的合理组织概念,而这一概念经常出现在马克思的文本中;**它定义了社会主义。**在马克思看来,生产的合理组织包括社会与自然之间的有机交换、物质交换和能量交换,它们是社会内部的物质商品交换的基础。然而我们的这位作者知道,资本主义对所有财富的来源进行残酷的剥削,自然本身危在旦夕。这些有机交换的调节应当成为新社会的一种"调节规律"。如果我们不是在最大程度上考虑城市本身,考虑这些交换的场所,考虑它作为环境和中枢、持续地对自然进行入侵,我们如何能实现这一结果?

最好的证明在于,在一种经济占统治地位的体制(制度或生产方式)中,在国家控制着这种优先权的情况下,历史和社会的关系从属于

---

① See Karl Marx, *Critique of the Gotha Program* (Moscow: International Publishers, 1972), 10‐11.——英译者注。中译本参看《马克思恩格斯文集》第 4 卷,北京:人民出版社,2009 年,第 433 页。——中译者注

经济的命令。国家对大的工业企业的关注优先于其他。而城市呢？它对生产和生产力的影响和对商品交换的影响也被纳入考量之中，它受到了保障和控制，以一种对社会空间的一般控制的名义。城市本身仅仅是过去遗留下来的一个使用对象，而现在已经成为交换和消费的对象，就像那些可流通的"物品"一样。它没有什么特权，它也没有吸引特殊的关注。直到有一天新事物突然到来，使这种利益的算计发生变革。

对"社会需要"的忽视引起了一种可能性，在达到极限之后，积累把自身看作目标和终点。社会需要会在最低限度上得到保证。社会剩余产品（尽可能地）最大限度地走向投资，因此走向这些生产投资的"使用"，它为积累和投资的预算提供方便。尤其是在军队和武器方面。从这一角度，经济和政治经济会自行运作，而生产直接地、立即地保证了产品的（扩大）再生产以及生产条件（关系）的再生产。有人甚至怀疑，这种走向生产自动化和**经济**条件自动化的倾向不是现代社会的根本，而是隐藏在技术的自治（并因此自我辩护）之下，由人口的增长来提供合法性。这种经济的自动化会在这种范围内出现，即**民主**的压力未能响应广泛的、来自底层的**社会需要**。社会需要是衡量这种"底层的"压力的重要性的标志，因而也是衡量城市本身的需要的标志。

一旦出现了国家，这种通过国家机器发挥作用的强制力和经济外的压力就能产生经济的效果。相反地，经济层面上的相互作用使经济外的压力得以产生并得到补充。自从有国家以来，这种国家的压力决定了**剩余劳动**（超出立即的、个人的、社会的需要的那部分产品），并因而决定了所谓的资本主义社会的**总的剩余价值**。国家的政治和战略目标，尤其是分配到战争中的资源（军队、武器），并非利用先前的剩余劳动（剩余价值）的结果，而是**强制**一种资源的分配。这就是为什么这种范围内的批判分析包含着一种基本争议的所有要素和方面。

在这些条件下我们可以思考，自从有国家以来，城市并不是社会中

　　　　　　　　　　　马克思主义思想与城市

"被诅咒的部分"（part maudite），正如乔治·巴塔耶（Georges Bataille）①所说，献祭的部分，也就是人们所牺牲的那一部分，有时候人们需要为此作出牺牲②。但是这一观点太过于美好了。被诅咒的部分属于战争、节日和色情。在资产阶级时代，节日消失了，或者说节日变得有利可图：商业节日，这种受资助的表演活动，其理由超出了节日的快乐之外。节日是"被利用的"或者被禁止的。武器一方面使剩余价值得以实现，另一方面提供了镇压的方式。战争有力地取代了生产过剩的经济危机，清理了剩余物，走向一种与破坏成比例的新的开始（特别有利于那些遭受破坏的国家）。

我们可以采用**文明**的概念，马克思经常用它来区别于**生产方式**。马克思并没有从方法上对文明进行界定，而尼采则大大地发展了这一概念。人们可以轻易地指出，资产阶级社会在它最好的时期里，在上升、成长、繁荣的阶段里，利用都市现实作为幻象和基本的论据，它所表现和再现出来的东西仅仅是一种"文明的危机"。

不过，这种思考错过了问题的关键，至少马克思并不是这样想的。为什么会出现这些困难？原因和根据在于**土地所有制**、地产以及它赖以生存的地租。

美好时代（Belle Époque）的（资产阶级的）自由激进主义希望通过社会的成长和发展，摆脱历史的束缚。它希望废除土地所有制（私有制），不管这些土地是否适宜耕种。这种激进主义因此提出通过政治行动消灭由土地所有者构成的旧阶级。这种野心和伟大的政治意图并没

---

① 乔治·巴塔耶（1897—1962），20世纪上半期法国著名哲学家、评论家、小说家，对20世纪后期法国诸家思潮，尤其是福柯、德里达、鲍德里亚等人的影响尤深。——中译者注

② Georges Bataille, *La Part maudite, essai d'économie générale*, coll. «L'Usage des richesses», Édit. de Minuit, 1949.——原注。Georges Bataille, *The Accursed Share：An Essay on General Economy*, vol. 1, Consumption, trans. Robert Hurley (New York：Zone Books, 1991).——英译者注。中译本参看［法］乔治·巴塔耶：《被诅咒的部分》，刘云虹、胡陈尧译，南京：南京大学出版社，2019年。——中译者注

有实现。法国革命本身满足于"土地改革",这是第一次也是最广泛的土地改革之一，但它仅限于财产的转移（没收移民的财产，处于上升期的资产阶级购买了这些财产）。

土地所有制依然处于一般的私有制的范围之内。虽然这种不动产让步于动产，让步于货币和资本，但它依然存在。它甚至得到了进一步的加强，从马克思的时代开始，资产阶级通过购买土地而致富，并构建起土地所有制（并因而在新的垄断的基础上，重构土地所有制和地租）。土地所有制的基础并没有遭到破坏，而是被资本主义所重建，**成了全社会的负担**。

社会与自然之间的脐带已经被残忍地剪断了。这种中断需要什么以及这种断裂意味着什么？城市。这种联系已经变得冷淡了，共同体与土地之间依然活跃的交换并没有让位于一种合理的调节，而社会依然依附于土地，甚至受土地的约束。这是通过所有制及其所维护的奴役形式，尤其是使土地从属于**市场**，使土地成为一种可商业化的"商品"，使它从属于交换价值和投机活动，而不是从属于使用和使用价值。原始的母体通过这一脐带把血液和营养输往它的后代，即人类共同体，而现在脐带变成了一条绳，一条干枯和坚硬的枷锁，束缚着这个共同体的运动和发展。这是一种终极的束缚。

值得注意的是，自从马克思以来，对于如何解决这一问题、超越这些条件和背景，并没有任何令人满意的答案。国家的土地所有制把地租中重要的一部分转移给国家（在马克思看来，这一部分是绝对"地租"以及级差地租的一部分，后者来源于农业产品在市场附近地区的增值，也就是在城市附近的增值）。这种转移把大量的资源和权力赋予国家，而留给农民的是一种法律上和契约上受限制的"收益权"，一种土地的用益权。这并非马克思希望看到的社会主义的特征。对于资本主义国有化和市有化，我们更多地要认识到它的限制和缺陷，而不是它的优势。

地租问题似乎是老生常谈的问题，但它依然有其重要性。这一问题甚至得到了进一步的延伸,因为建立工业城市的土地、它的价格以及控制着价格的投机活动虽然从属于这种理论,但相对于利润理论和工资理论而言,它似乎处于边缘的地位。"凡是存在地租的地方,都有级差地租,而且这种级差地租都遵循着和农业级差地租相同的规律。凡是自然力能被垄断并保证使用它的产业家得到超额利润的地方(不论是瀑布,是富饶的矿山,是盛产鱼类的水域,还是位置有利的建筑地段),那些因对一部分土地享有权利而成为这种自然物所有者的人,就会以地租形式,从执行职能的资本那里把这种超额利润夺走。"①至于建筑上使用的土地,斯密已经说明,它的地租的基础,和一切非农业土地的地租的基础一样,是建立在农业地租之上,准确地说是建立在位置的租金和设施的租金之上,这与马克思的级差地租 I 和级差地租 II 相对应。位置的影响在大城市中尤为重要。因此,某些前资本主义的特征渗透到资本主义之中。这些特征不仅在农业地区进一步增强,而且在资本主义的内部、在都市现实中也得到了增强。它在这里产生了深刻的影响,在背后牵动着资本主义。当然,资本家最大可能地从土地所有者手中收回他们所收取的租金,土地所有者表现出"完全的被动性",他的主动性只在于利用社会发展的进步,而对于这种进步,他并不像产业资本家那样有过什么贡献,冒过什么风险。当产业资本家最终占有了土地和地产,就像资本那样把它们集中在自己的手中时,资本家就会掌握巨大的权力,甚至可以把进行斗争的工人从他们的"栖身之所"中排除出去。

(1) **从数量上说。** 地租,与其他纳入农业生产的租金一样,与畜牧、狩猎、捕鱼、水源和森林的利用、矿产(当地下不属于国家的时候)的租金一样,最终与来自不动产(建筑领域)的租金一样都会经历波动。

---

① See Karl Marx, *Capital*, vol. 3, Part VI, chapter 46 (New York: International Publishers, 1959), 544.——英译者注。马克思:《资本论》第三卷,参看《马克思恩格斯全集》第 2 版第 46 卷,北京:人民出版社,2003 年,第 874 页。——中译者注

在法国,民主革命(当然是资产阶级革命,但被推向很远)以及相应的农业改革在将近一个世纪的时间里,在乡村里,减少了土地所有制的缺陷以及土地所有者的重要性。它们给乡村带来的影响要大于城市,因为土地的投机活动以及军事上的考虑,为奥斯曼男爵对巴黎的改造提供了指引。在 20 世纪,土地所有制是在资本主义的支持下进行重建的,工业化控制着农业生产,尤其是大规模的种植(小麦、甜菜等)、特殊化的种植和养殖(葡萄、蔬菜、乳制品)和畜牧。古代的封建垄断让位于新的资本主义垄断,在有些地区两者同时存在,或者通过联盟来合作。在这些条件下,土地所有制重新获得了那种似乎失去了的影响。它在许多方面发挥作用。土地甚至整个空间被分块出售。空间的可变换性在城市的改造中的重要性越来越大,甚至决定了建筑学本身:建筑的形式来源于地皮的分块和土地的购买,而土地则被分割为小面积的长方形。房地产领域慢慢地、越来越显著地从属于大资本主义,由它的企业(工业、商业、银行)所占领,在国土整理的名义下、在细心的管理下保持赢利。这一过程从属于生产力和资本主义,它在这里进行着再生产,使空间成为一种附属并进入资本投资的市场之中,也就是说一方面谋取利润,另一方面再生产出资本主义的生产关系。这种利润是巨大的,而平均利润率下降的(趋势性的)规律明显遭遇了抵抗。一方面,地租(地租 I 是由最接近城市市场的最好的地段产生的,地租 II 即技术租金是由资本在农业生产上的投资产生的)持续地增长,资本家从中获益,而城市也得以成长。另外一方面,在城市扩张的内部,与农业土壤之上的地租相对的,是那些重新出现的租金:位置的租金、设施的租金,它们难以计数。

在法国之外,土地所有制的重要性从未消失,除了在那些进行农业改革的国家中。在那些大洲中,如美洲和非洲还没怎么触及这种革命性的改革。大规模的产区("大庄园")对政治混乱产生了强有力的影响,许多国家在这种混乱中苦苦挣扎。

这里我们可以联想起马克思与列宁之后的土地占有理论和人民理

论。列宁发展了马克思的许多观点，区分和对比了两种殖民化的方法（在广义上：为"佃农"、耕种者和农业生产的统一体安家）。这是极特殊的情况，多数情况处于实现了的或可能实现的情况之间。普鲁士的方法是对已被占有（被控制）的土地的一种突然的殖民化，引导这场运动的人是原来的土地所有者、乡绅和封建主；他们对"市场"采用暴力，佃农依然是他们的附庸。美国的殖民化的道路则截然不同：自由农安身于自由的土地上（这种抽象不考虑土生土长的人口，他们一般不从事持续的农业活动，不固定于村庄和村落中）。土地占有以及大的农业生产统一体的安家，它们并没有面临先前的社会或生产方式所带来的压力，就像中世纪社会坐落在欧洲那样稳固地就地安家。这些自由农来自现存的城市，在那里有市场、交易中心，它往往处于工业化的道路上。资本主义在美国并不需要推翻或摧毁先前的社会；除了土著人的抵抗之外，它的扩张没有遇到什么障碍。它没有乡村的背景，而乡村的背景在欧洲则势力强大；这种缺失在文化上给它带来了困扰。它具有一种突出的都市特征，而城市在乡村的无限制的扩张中，并没有获得任何确实性，没有获得任何关于自身的意识。在这种超历史的背景下，这种城市不同于东方的亚细亚和西欧的历史进程，在乡村的领土上建立起自身的统治。但是在今天，情况发生了颠倒：城市（甚至包括那些大城市）逐渐乡村化，而不是要求它的"环境"具有都市性。

此外，虽然土地所有制在美国不是作为资本主义的前提而存在，但资本主义是通过土地所有制而强有力地建立起来的。在两个世纪之后，它的压力和重要性并不比它在古老的欧洲更弱。而至于欧洲，它是自己无法排除的社会力量和政治力量的受害者：普鲁士的封建主（容克），西班牙的庄园主，等等。

因此在数量上，在整个世界上，土地所有制的压力依然可观，不仅在农业生产上，而且在城市化进程中。人们对这种影响的认识非常不足,而能够对此进行评估的数据往往被掩盖①。马克思思考土地所有者如何在不掌握资本、没有投资的情况下,能够截取一部分剩余价值。他的回答是:所有制(所有权)的形式特征使之成为可能。它甚至不需要开发、不需要动手、不需要在场就可以从土地中抽取所谓的绝对地租和一大部分级差地租,它来自土地的多样性、不断变化的肥力、或多或少有利的场地、所实现的劳动和投资的资本。最初这种可能性只是因为整个农业是资本主义生产的一个落后的部门;(投资)资本的有机构成弱于其他部门,因此活劳动(劳动者的数量)的角色更加重要。所有者正是在这种活劳动中,通过直接的或中介的方式提取他的"收入",也就是他的那一部分总的剩余价值。

显然,这种解释仅仅满足于典型的土地所有制的分析:最初的封建制,它由一大片出让给佃农的区域或者作为牧场而进行粗犷型开发的区域构成。它需要改变为矿产业和先进农业,等等。而至于"建筑地段",它适合古代型的所有者,他通过"承办人"在土地上建立起房屋而收取利益。它已经不再适合于现代型的结构,不适合于具有良好设施的企业、银行、各种各样的机构的参与。然而,这些现象最近才发生,尤其是在法国;"不动产"领域缓慢地发展,它服从于资本主义;这一进程还远远没有完成。在这种高度工业化的背景中,我们再次发现与农村地租相类似的"城市地租":位置的租金(级差地租Ⅰ)以及设施的租金(级差地租Ⅱ)。还有就是绝对地租,每个所有者通过自己作为所有者这一事实而提出要求,这是投机活动的基础。这意味着"不动产"理论(以及它的特征:地租和空间的商业化,资本的投资和利润的机遇,等等)在很长一段时间里都属于第二部门,它逐渐地融入资本主义之中,

---

① "虽然每个人都感觉到由城市土地的私人占有所激发的大量的混乱,但它所包含的都市化过程依然是一块禁区……对地租的起源的研究是为了思考具体的方面,在确定的情境中,都市的增长……土地的法律地位使特定的个人作为土地所有者,能够占有城市设施所带来的优势……"(P. VIEILLE, *Marché des terrains et Société urbaine*, Édit. Anthropos, 1970, pp. 11 - 12)——原注

还需要进一步阐释。这种(批判的)理论明确地涉及这一整合过程,涉及一个长期处于外部的部门如何从属于资本主义,以及整个农业("市郊"除外)如何整合到工业和资本主义之中。

马克思关于土地资本主义及其租金的文本通向了这种理论,虽然这些文本并没有把这一理论包含在其中,而只是开始勾画和酝酿。但土地所有制的象征性的角色大大地超出了它"现实的"、经济的(数量的)效果。

(2)**从质量上说**。土地所有制在背后牵动着整个社会,不仅抑制了增长和中断了发展,而且通过一种持续的压力而作出方向上的指引。这种难以察觉的、持续的运动,难道不具有城市扩张的混杂特征吗?郊区一半是城市,一半是乡村(毋宁说:既不是城市也不是乡村),它难道不是来自这种压力吗?一小块土地的所有者自以为是乡村的所有者以及一小部分自然的占有者。但他既不是农民,也不是市民。都市化延伸到乡村,却是以一种退化了的或正在退化的形式。不是城市吸收和重新吸收乡村,也不是超越了它们之间的对立,我们看到的是一种相互的退化:城市在郊区中爆发,乡村正在解体;一种不确定的都市组织在整个国家中不断增殖。由此出现了一种未成型的混合物:贫民窟、特大城市。用马克思的话来说,城市乡村化是一种危险,它取代了乡村的城市化,就像古代城邦的衰落那样。这一切发生在工业势力之外,发生在统治阶级代表默默的、共谋的注视下,他们在这种退化中发现了大量的利润。警告和批判很少会得到回响。所有权并没有被废除,它并没有失去它的地位,甚至没有失去它的威望。私有制(土地所有制,与资本所有制结合在一起)的实践的、意识形态的压力让领导者变得**盲目**,甚至使知识分子变得**盲目**;它使建筑师、都市规划师的想象变得模糊。这种盲目有双重的来源:由所有权直接或间接产生的形象,由企业合理性(技术分工)产生的形象。因此,都市依然是一种抽象,一种他方(ailleurs),一种乌托邦。然而,乡村被破坏、被玷污,它入侵到整个社会之中。自然被摧毁了,它跌落在这种虚幻地得到满足的社会的脚下。

这种情况无法脱离开理论的、实践的状况的其他方面，在其中，悖论掩盖了矛盾。

马克思在晚年的写作中越来越多地围绕着生产方式的概念。对他而言，对资本主义生产方式进行定义不是为了构建一种"模型"，正如我们后面会谈到的，也不是系统地构想出一般的社会，尤其是资产阶级社会。不是关闭这种现实，也不是"结束"这种概念，而是相反地打开现实和概念。资本主义生产方式的过去或未来并没有被关闭。在未来，大工业起到了吸引的作用或者说推动的作用，这种力量一半是盲目的，一半是已知的（或误知的）。在过去，它牵动着土地所有制，以及在它之前的所有事物。马克思从未像别人说的那样，认为一种资本主义生产方式把许多生产方式尽收囊中，在其中资本主义具有统治性和"决定性"，它使政治机构得以"建立"，并且通过权力制度来向其他制度、经济、意识形态等强加一种一致性。

确实，马克思在许多年里一直在面对一种崭新的"总问题式"，他明确地表达了这一点，但并没有提出一种回应。《资本论》的未完成是否由这种状况产生？毫无疑问是的。这不能仅仅用马克思的疾病、用他的关注点的广泛或变化来进行解释，而是用新问题的出现来进行解释，而这种回应所包含的某些要素依然是缺乏的。

在巴黎公社失败之后，在庞大的、但并非按照马克思所指出的道路进行的工人运动兴起的过程中，资本主义坚持了下来。马克思从来没有排除过这种情况的出现，尽管资本主义生产力的增长会让马克思感到惊讶。这意味着什么？存在着**生产关系的再生产**。在更早之前，马克思就预料到这种现象的出现，尤其是在《大纲》中；但他直接看到的现象是劳动力和生产方式的简单再生产或扩大再生产。工资使工人阶级能够自我再生产，使无产者养育子女，直到他们自己进入生产之中。1875 年左右，问题发生了变化。在一代人或多代人之后，在这些人发生了改变之后，这些生产关系如何作为根本而维持下来？这不再是关于经济循环或生产方式的扩大再生产的循环，而是另一种社会现象。

马克思既没有论述一种结构的一致性,也没有讨论生产方式的极速解体。他没有指出一种"主体"或"系统",而是指出一种"过程"。在这一过程中,这些矛盾进行着自我生产和自我再生产,要么进一步缓和,要么进一步加深,要么出现,要么消失。对这一过程的整体而言,存在着(旧的和新的)矛盾的扩大再生产。

对这一过程的分析揭示了小写的主体(中介或角色:群体、阶级和阶级派别)而不是大写的主体。它揭示了部分的、小写的系统(比如在特定社会中的契约或准契约制度,它内在于生产方式)而不是大写的系统。这些相互作用所构成的整体定义了生产方式。

生产力和(资本主义的)生产关系之间的矛盾只是众多矛盾关系中的一种,它确实是基本的,但是在强度上和影响上会发生变化。如果我们接受这种"过度决定的"矛盾,接受这种术语,那么它难道不是由一种持续的冲突构成,即保证社会整体的一致性的努力与矛盾在所有领域的不断复兴之间的冲突?这种矛盾产生了暴力,但只能通过镇压和强制而得到暂时的解决。如果这些领域和部门不断增加和分化,当生产关系(包括都市现实)的再生产得以完成的时候,这些矛盾也会同样地在这些领域和部门之间,以及在它们的内部不断增加和分化。

如果是这样的话,在资本主义生产方式下,对所谓的"都市"问题的分析(努力延续马克思的工作)就不应该去发现或构建一种现代的"都市系统"或"都市权力",而是要在总的过程中把握都市现象,在都市现象中揭示矛盾本身。

对这种混乱或都市疾病的简单描述,就像现象学那样,它并不适合这种方法和方向。它需要的是一种分析,运用概念并发展出一种理论,从而在总体上揭示这一过程。

这里需要用几句话来结束这一章。在这种假设中,城市和都市现实是特殊的场所,是再生产循环得以完成的场所的整体,这种循环比它所包括的生产循环还要庞大和复杂。特别的是,(资本主义)生产关系的再生产包含着分工的再生产,也就是内在于分工的诸种分离,尤其是技术分工(在生产单位中)与社会分工(在市场上)之间的分离。

城市和它剩下的东西(集中性)有可能成为这种再生产的场所,与此同时,成为这些倾向于相互分离的术语之间坚韧的纽带。

至于知识的再生产,它不仅包含了社会关系的再生产(通过这种关系:教师和学生),而且包含了意识形态的再生产,这些意识形态混合了概念和理论,以及主题、引文(被证实的或被掩盖的)、"研究"、评价、与信息混合在一起的赘词、或多或少被抵制的还原的方法,等等。意识形态坚持把知识与非知识放在一起,它们之间的一种确定的关系也被传播开来,尤其是关于马克思主义、城市等的问题。

马克思主义思想与城市

总　结

　　当然,我们并没有穷尽马克思关于城市这一主题的思想,如果我们
翻开马克思和恩格斯的所有出现"城市"一词的文本,我们可能还会有
新的发现,尤其是关于阶级斗争的内容。对于马克思和恩格斯而言,这
种连续的斗争,它的来源在生产之中,它的基础在经济现实之中,它的
动机在需求之中,它的积极支持在工人阶级之中。但是,阶级斗争是在
城市中展开的。一方面,这种政治斗争反映一种政治状况,另一方面,
它揭示了那些未被察觉到的方面和潜在的可能性。与此同时,它以改
造生产关系为目的,阶级斗争使这些关系进入意识之中。因此,"城乡"
关系在一种特殊的关节点上被人们所感知。在1848年的法国,城市抵
制了法国社会中人数最多的一个阶级——小农阶级所产生的政治影
响。城市的公民成功地"曲解了1848年12月10日选举的意义",拖延
了波拿巴主义的兴起。对于那些小农而言,波拿巴在那些年所做的事
情仅仅是"打破了城市加之于乡村意志的桎梏"①。但是农民和他的一
小块土地是自由竞争和大工业制度扩展到乡村的结果,这种制度在拿
破仑一世时期已经在城市中登场了。在这一过程中,农民的利益不再
与资产阶级的利益相一致,他们把"负有推翻资产阶级制度使命的城市

---

　　① 马克思:《路易·波拿巴的雾月十八日》,参看《马克思恩格斯全集》第2版第
11卷,北京:人民出版社,1995年,第231页。——中译者注

无产阶级"①看作自己的天然同盟者和领导者。

之前已经说过的东西,我们需要进行回顾,考虑之前走过的道路,从而更好地看待这条道路的前景。

只有回到马克思和恩格斯整个思想的运动中,他们关于城市的文本才能显示出自身的意义。这些文本强迫我们回到这场运动之中,这场运动一开始是迷失的,后来被重新找回。不可能把这些文本分离开来!把它们分别看待的做法违背了这场运动,正是它支撑和推动着文本向前发展。因此,为了理解城市的经济角色,我们必须回顾剩余价值理论和分工理论等。

在这些读者之间,有人肯定会问:"我们在提出什么问题?马克思和恩格斯在一个世纪之前就已经知道并提出了这一问题,这一问题在当时已经存在,我们在学习他们的文本,没有人想过把它们集中在一起。我们在回顾这些文本和他们专注的研究,有什么权力把现实的利益与这种回顾搅和在一起?"

相反地,其他人声称:"这完全不是我们所期待的东西!我们希望借助马克思的方法,而不是延续他的学说,一种当代的马克思主义告诉我们它对这些问题的看法,这些问题越来越成为紧要的问题。如果这些文本不为任何目的而服务的话,那么这种阅读有什么好处呢?"

首先,需要再一次回应的是,在我们看来,马克思学并没有太大的益处。在此名义下,人们把当前的"思想家"和思想填充到其中,在此意义上我们只有通过他们才能理解当下,甚至只有从他们出发才能理解这个世纪所发生的事情。我们对学识渊博、下降到"历史性"当中的做法不感兴趣。我们以现在和可能的名义进行追问,这恰恰是马克思的

---

① Karl Marx, "The Eighteenth Brumaire of Louis Bonaparte", trans. Ben Fowkes, in *Surveys from Exile, Political Writings*, vol. 2, ed. David Fernbach (New York: Random House, 1973), 242.——英译者注。马克思:《路易·波拿巴的雾月十八日》,参看《马克思恩格斯全集》第 2 版第 11 卷,北京:人民出版社,1995 年,第 232 页。——中译者注

方法,这种方法使过去(事件和文献)得以重生,并且服务于未来。

第二,我们提出的反对意见是,关于马克思思想的争论应当禁止在缺乏预先研究的情况下使用这些概念。如果想要延续马克思关于某个"对象"的思想,而马克思对此还没有清晰的研究,那么我们就必须首先对它进行修复。只有这样我们才能重新开始马克思对竞争资本主义的分析,理解现代城市及其总问题式。

其实,作者(我自己)在出版这一重新阅读的成果之前,长期以来一直在思考这种修复并尝试继续这种分析。如果有需要的话,各种各样的"马克思主义"作品和出版物(以隐晦的方式或清楚的方式)可以作证。

这种延续了马克思思想的研究不试图去发现或构建出一种连贯一致性:一种"城市系统",内在于资本主义生产方式的城市结构和功能。一种思想之所以能够被称为"马克思主义",是因为它使一致性服从于矛盾。如果我们必须面对和接受它的对立面,也就是使冲突服从于资本主义社会中的一致的力量,那么马克思就是错的,他的思想发生了偏离,资产阶级取得了胜利。

在对(资本主义)生产方式和这一社会的领导者(资产阶级)进行批判分析之前,我们已经很快地指出了19世纪下半叶以来存在的一些问题。我们需要在他们的政治实践中、在生产关系的再生产中进行考虑,而不仅仅是考虑生产方式的再生产。扩大再生产不仅涉及这些循环和经济生产的流通,而且涉及这些更加复杂的过程。对于这些问题,资产阶级——跟随俾斯麦的策略——从经验上有效地进行解决,使资本主义生产方式足以维持下去。然而马克思主义的思想分裂为"改良主义"和"革命主义":一方面寻找社会的逻辑,另一方面宣告灾难的到来。马克思预测到了这些新问题,但无法提出一种回应。

生产关系的再生产包含着扩张,包含着生产方式及其物质基础的扩大。一方面,资本主义扩展到整个世界中,正如马克思所设想的那样,它从属于以前的生产力并使这些生产力为己所用。另一方面,资本主义构建起新的生产部门,因而建立起新的剥削部门和统治部门;在这些部门中,我们可以列举出:休闲、日常生活、认识、艺术以及最后的都市化。

这种双向的过程带来了什么后果? 资本主义通过把自身扩展到整个空间中来维持自身。从马克思的时代开始,在有限的国家(英国、部分欧洲国家以及北美洲)中,资本主义在建立起世界市场之后征服了全球,取得了巨大的胜利(尤其是创造了休闲、旅游等),尽管也有一些严重的挫折、革命和起义。

生产力在其增长过程中,尽管受到了资本主义生产关系的"限制",但它在两次世界大战的刺激下获得了一种力量,也就是它能够**生产出空间**。在世界范围内,空间不仅是公开的、被占有的,而且也是被改造的,以至于它的"物质材料""自然"受到了这种**统治关系**的威胁,而不是**一种取用关系**。一般的**城市化**是这种巨型扩张的一个方面。如果存在着空间的生产,那么难道不存在空间的矛盾,或者更确切地说,内在于这种生产之中的冲突,新的矛盾? 如果是的话,那么马克思的思想就保持它的意义,甚至具有更大的视野。如果它们以"科学性"的名义被资本主义所利用,那么它们是无用的,而且对它们而言,资本主义的标准并不适合。

然而,我们可以证明(这种"证明"已经在别的研究和报告中开始并得以展开)空间的矛盾以及空间生产的矛盾正在进一步加深:

(1) 主要的矛盾存在于全球范围内的总的被生产的空间与空间的碎片化、粉末化之间,碎片化和粉末化是资本主义生产关系(生产方式的私有制和土地,也就是说空间本身)的结果。空间被压碎,按照碎片来进行交换(出售),碎片化的科学以碎片化的方式去认识空间,而空间是作为世界的总体性甚至星际的总体性而形成的。

(2) 资本主义的扩张,使马克思对资本主义"三位一体"结构的批判分析得以普及。把这种扩张定义为仅仅在"商品世界"中的一般交换是不足够的;这意味着把它还原为唯一的商品世界,它在马克思的时代已经建立起来了。社会和生产方式定义了这种扩张,它们使自身的要素分离和区别开来,并且在一个被强制的、重叠的统一体中维持这些要素之间的分离。这就是"三位一体的公式"(土地、资本、劳动)。资本主义生产方式把一种镇压性的(国家的)统一体施加在群体、功能和场所的一般分离(隔离)之上,也就是在所谓的城市空间之中。

(3)因此,这种空间是一种特殊矛盾的中枢。城市无限地、爆炸性地扩张。如果存在着社会的城市化,并因此乡村被城市所吸收,那么就同时存在着城市的乡村化。城市扩张(郊区、近郊或远郊)服从于土地所有制和它的结果:地租、投机活动、自发的稀缺或引发的稀缺等等。

(4)对自然的控制与技术和生产力的增长联系在一起,这种控制仅仅服从于利润(剩余价值)的需求,它通向自然的毁灭。在社会与土地之间的有机交换中存在着一种流动,马克思在讨论城市的时候注意到了它的重要性,这种流动即使还没有中断,也面临着被扰乱的危险。随之而来的是严重的危险,甚至是灾难。我们可以思考,摧毁自然是不是这种社会自我摧毁的"不可或缺"的一部分,这种社会颠倒地反对自身,而另一方面维护资本主义生产方式及其力量和权力……

(5)在马克思主义的规划中,没有任何一种超越能够在现在得以实现,比如超越"城乡"对立、超越分工以及超越那种不太突出的对立:"作品—产品"。随之而来的是什么?是这些未被超越的术语之间的相互退化,当它涉及城市与乡村的时候,这种退化尤其能够被人们感觉到并且具有深远的意义。

(6)郊区的分散、威胁着社会关系的隔离,与它们相对立的是一种强调其形式的集中性,作为决策(财富、信息、权力、暴力)的集中性。

(7)空间的生产是为了使时间服从于生产力的需求和限制,在这种情况下它才会考虑时间。时间封闭在这种奇怪的圆圈之中。

(8)自动化为非劳动提供了可能,作为领导的资产阶级吸收了这种可能为己所用。只有当休闲从属于剩余价值时,通过工业化和休闲商业化、休闲空间商业化的方法,资本主义才会延迟娱乐的时间。它使非劳动作用在自身的、没有创造力的空闲中，使非劳动变得枯燥无味。它产生了这种症候性的起义，产生了对非劳动的要求，但它依然处于边缘（嬉皮士共同体）。劳动的"价值"退化了，它们无可替代。由于阶级的策略是使管理自动化，比生产更快更好；当工业国家的资产阶级需要维护劳动的时候，它们不会让非劳动出现！随之而来的是劳动空间、非劳动空间和休闲空间，它们以一种新的自相矛盾的方式混杂于世界空间之中，这种方式才刚刚具有其形式和分类。

（9）因此，个人既"被社会化"，又被整合和服从于所谓的自然压力和限制对他的统治之下（尤其是在空间的背景下，在城市及其扩张中），个人是分离的、孤立的、分裂的。矛盾表现为焦虑、沮丧和反抗。

（10）这种共同体表现为两个方面：一方面是"公众""集体"、国家、社会，另一方面是边缘的联合，甚至是畸形的联合、意志的联合。这种分裂应当通过一种空间的概念去解决，但这一解决办法依然是乌托邦的，无法阻止这些无法找到自身位置（空间和相应的"地方"）的关系的解体。

总而言之，这种社会无法按照马克思主义的规划完成自身的改造，它会在这条道路上停滞不前，除非它（无意识地）选择另一条道路，这种社会正在受到可能性的折磨。暴力、毁灭和自我毁灭（它自身包含着这种自我毁灭的原则）像幽灵一般困扰着它，同样还有非劳动、全部的享受。不容忽略的是**城市**，一种恰如其分的空间。

在今天，如果我们必须重拾和扩充这些伟大的思想家——傅立叶、马克思、恩格斯——的思想，这不是因为他们梦想着不可能，而是因为这种社会依然、总是把自身的乌托邦包含于其中：可能—不可能，造成不可能的可能，导致革命状况的终极矛盾，这不再与马克思的预言相符；因为光靠生产力的有组织的（有计划的）增长并不足以解决这些矛盾。

马克思主义思想与城市

《当代学术棱镜译丛》
已出书目

媒介文化系列

第二媒介时代 [美]马克·波斯特

电视与社会 [英]尼古拉斯·阿伯克龙比

思想无羁 [美]保罗·莱文森

媒介建构:流行文化中的大众媒介 [美]劳伦斯·格罗斯伯格 等

揣测与媒介:媒介现象学 [德]鲍里斯·格罗伊斯

媒介学宣言 [法]雷吉斯·德布雷

媒介研究批评术语集 [美]W. J. T. 米歇尔 马克·B. N. 汉森

解码广告:广告的意识形态与含义 [英]朱迪斯·威廉森

全球文化系列

认同的空间——全球媒介、电子世界景观与文化边界 [英]戴维·莫利

全球化的文化 [美]弗雷德里克·杰姆逊 三好将夫

全球化与文化 [英]约翰·汤姆林森

后现代转向 [美]斯蒂芬·贝斯特 道格拉斯·科尔纳

文化地理学 [英]迈克·克朗

文化的观念 [英]特瑞·伊格尔顿

主体的退隐 [德]彼得·毕尔格

反"日语论" [日]莲实重彦

酷的征服——商业文化、反主流文化与嬉皮消费主义的兴起 [美]托马斯·弗兰克

超越文化转向 [美]理查德·比尔纳其 等

全球现代性:全球资本主义时代的现代性 [美]阿里夫·德里克

文化政策 [澳]托比·米勒 [美]乔治·尤迪思

通俗文化系列

解读大众文化 [美]约翰·菲斯克

文化理论与通俗文化导论(第二版) [英]约翰·斯道雷

通俗文化、媒介和日常生活中的叙事 [美]阿瑟·阿萨·伯格

文化民粹主义 [英]吉姆·麦克盖根

詹姆斯·邦德:时代精神的特工 [德]维尔纳·格雷夫

消费文化系列

消费社会 [法]让·鲍德里亚

消费文化——20世纪后期英国男性气质和社会空间 [英]弗兰克·莫特

消费文化 [英]西莉娅·卢瑞

大师精粹系列

麦克卢汉精粹 [加]埃里克·麦克卢汉 弗兰克·秦格龙

卡尔·曼海姆精粹 [德]卡尔·曼海姆

沃勒斯坦精粹 [美]伊曼纽尔·沃勒斯坦

哈贝马斯精粹 [德]尤尔根·哈贝马斯

赫斯精粹 [德]莫泽斯·赫斯

九鬼周造著作精粹 [日]九鬼周造

社会学系列

孤独的人群 [美]大卫·理斯曼

世界风险社会 [德]乌尔里希·贝克

权力精英 [美]查尔斯·赖特·米尔斯

科学的社会用途——写给科学场的临床社会学 [法]皮埃尔·布尔迪厄

文化社会学——浮现中的理论视野 [美]戴安娜·克兰

白领:美国的中产阶级 [美]C.莱特·米尔斯

论文明、权力与知识 [德]诺贝特·埃利亚斯

解析社会:分析社会学原理 [瑞典]彼得·赫斯特洛姆

局外人:越轨的社会学研究 [美]霍华德·S.贝克尔

社会的构建 [美]爱德华·希尔斯

多元现代性 周 宪 [德]比约恩·阿尔珀曼 [德]格尔哈德·普耶尔

新学科系列

后殖民理论——语境 实践 政治 [英]巴特·穆尔-吉尔伯特

趣味社会学 [芬]尤卡·格罗瑙

跨越边界——知识学科 学科互涉 [美]朱丽·汤普森·克莱恩

人文地理学导论:21世纪的议题 [英]彼得·丹尼尔斯 等

文化学研究导论:理论基础·方法思路·研究视角 [德]安斯加·纽宁
[德]维拉·纽宁主编

世纪学术论争系列

"索卡尔事件"与科学大战 [美]艾伦·索卡尔 [法]雅克·德里达 等

沙滩上的房子 [美]诺里塔·克瑞杰

被困的普罗米修斯 [美]诺曼·列维特

科学知识:一种社会学的分析 [英]巴里·巴恩斯 大卫·布鲁尔 约翰·亨利

实践的冲撞——时间、力量与科学 [美]安德鲁·皮克林

爱因斯坦、历史与其他激情——20世纪末对科学的反叛 [美]杰拉尔德·
霍尔顿

真理的代价:金钱如何影响科学规范 [美]戴维·雷斯尼克

科学的转型:有关"跨时代断裂论题"的争论 [德]艾尔弗拉德·诺德曼
[荷]汉斯·拉德 [德]格雷戈·希尔曼

广松哲学系列

物象化论的构图 [日]广松涉

事的世界观的前哨 [日]广松涉

文献学语境中的《德意志意识形态》[日]广松涉

存在与意义(第一卷)[日]广松涉

存在与意义(第二卷)[日]广松涉

唯物史观的原像 [日]广松涉

哲学家广松涉的自白式回忆录 [日]广松涉

资本论的哲学 [日]广松涉

马克思主义的哲学 [日]广松涉

世界交互主体的存在结构 [日]广松涉

国外马克思主义与后马克思思潮系列

图绘意识形态 [斯洛文尼亚]斯拉沃热·齐泽克 等

自然的理由——生态学马克思主义研究 [美]詹姆斯·奥康纳

希望的空间 [美]大卫·哈维

甜蜜的暴力——悲剧的观念 [英]特里·伊格尔顿

晚期马克思主义 [美]弗雷德里克·杰姆逊

符号政治经济学批判 [法]让·鲍德里亚

世纪 [法]阿兰·巴迪欧

列宁、黑格尔和西方马克思主义:一种批判性研究 [美]凯文·安德森

列宁主义 [英]尼尔·哈丁

福柯、马克思主义与历史:生产方式与信息方式 [美]马克·波斯特

战后法国的存在主义马克思主义:从萨特到阿尔都塞 [美]马克·波斯特

反映 [德]汉斯·海因茨·霍尔茨

为什么是阿甘本? [英]亚历克斯·默里

未来思想导论:关于马克思和海德格尔 [法]科斯塔斯·阿克塞洛斯

无尽的焦虑之梦:梦的记录(1941—1967) 附《一桩两人共谋的凶杀案》
(1985) [法]路易·阿尔都塞

马克思:技术思想家——从人的异化到征服世界 [法]科斯塔斯·阿克塞洛斯

经典补遗系列

卢卡奇早期文选 [匈]格奥尔格·卢卡奇

胡塞尔《几何学的起源》引论 [法]雅克·德里达

黑格尔的幽灵——政治哲学论文集[Ⅰ] [法]路易·阿尔都塞

语言与生命 [法]沙尔·巴依

意识的奥秘 [美]约翰·塞尔

论现象学流派 [法]保罗·利科

脑力劳动与体力劳动:西方历史的认识论 [德]阿尔弗雷德·索恩-雷特尔

黑格尔 [德]马丁·海德格尔

黑格尔的精神现象学 [德]马丁·海德格尔

生产运动:从历史统计学方面论国家和社会的一种新科学的基础的建

立 [德]弗里德里希·威廉·舒尔茨

先锋派系列

先锋派散论——现代主义、表现主义和后现代性问题 [英]理查德·墨菲

诗歌的先锋派:博尔赫斯、奥登和布列东团体 [美]贝雷泰·E. 斯特朗

情境主义国际系列

日常生活实践 1. 实践的艺术 [法]米歇尔·德·塞托

日常生活实践 2. 居住与烹饪 [法]米歇尔·德·塞托　吕斯·贾尔　皮埃尔·

梅约尔

日常生活的革命 [法]鲁尔·瓦纳格姆

居伊·德波——诗歌革命 [法]樊尚·考夫曼

景观社会 [法]居伊·德波

当代文学理论系列

怎样做理论 [德]沃尔夫冈·伊瑟尔

21 世纪批评述介 [英]朱利安·沃尔弗雷斯

后现代主义诗学:历史·理论·小说 [加]琳达·哈琴

大分野之后:现代主义、大众文化、后现代主义 [美]安德列亚斯·胡伊森

理论的幽灵:文学与常识 [法]安托万·孔帕尼翁

反抗的文化:拒绝表征 [美]贝尔·胡克斯

戏仿:古代、现代与后现代 [英]玛格丽特·A. 罗斯

理论入门 [英]彼得·巴里

现代主义 [英]蒂姆·阿姆斯特朗

叙事的本质 [美]罗伯特·斯科尔斯 詹姆斯·费伦 罗伯特·凯洛格

文学制度 [美]杰弗里·J. 威廉斯

新批评之后 [美]弗兰克·伦特里奇亚

文学批评史：从柏拉图到现在 [美]M. A. R. 哈比布

德国浪漫主义文学理论 [美]恩斯特·贝勒尔

萌在他乡：米勒中国演讲集 [美]J. 希利斯·米勒

文学的类别：文类和模态理论导论 [英]阿拉斯泰尔·福勒

思想絮语：文学批评自选集(1958—2002) [英]弗兰克·克默德

叙事的虚构性：有关历史、文学和理论的论文(1957—2007) [美]海登·怀特

21 世纪的文学批评：理论的复兴 [美]文森特·B. 里奇

核心概念系列

文化 [英]弗雷德·英格利斯

风险 [澳大利亚]狄波拉·勒普顿

学术研究指南系列

美学指南 [美]彼得·基维

文化研究指南 [美]托比·米勒

文化社会学指南 [美]马克·D. 雅各布斯 南希·韦斯·汉拉恩

艺术理论指南 [英]保罗·史密斯 卡罗琳·瓦尔德

《德意志意识形态》与文献学系列

梁赞诺夫版《德意志意识形态·费尔巴哈》 [苏]大卫·鲍里索维奇·梁赞诺夫

《德意志意识形态》与 MEGA 文献研究 [韩]郑文吉

巴加图利亚版《德意志意识形态·费尔巴哈》 [俄]巴加图利亚

MEGA：陶伯特版《德意志意识形态·费尔巴哈》 [德]英格·陶伯特

当代美学理论系列

今日艺术理论 [美]诺埃尔·卡罗尔

艺术与社会理论——美学中的社会学论争 [英]奥斯汀·哈灵顿

艺术哲学:当代分析美学导论 [美]诺埃尔·卡罗尔

美的六种命名 [美]克里斯平·萨特韦尔

文化的政治及其他 [英]罗杰·斯克鲁顿

当代意大利美学精粹 周宪 [意]蒂齐亚娜·安迪娜

现代日本学术系列

带你踏上知识之旅 [日]中村雄二郎 山口昌男

反·哲学入门 [日]高桥哲哉

作为事件的阅读 [日]小森阳一

超越民族与历史 [日]小森阳一 高桥哲哉

现代思想史系列

现代主义的先驱:20世纪思潮里的群英谱 [美]威廉·R.埃弗德尔

现代哲学简史 [英]罗杰·斯克拉顿

美国人对哲学的逃避:实用主义的谱系 [美]康乃尔·韦斯特

时空文化:1880—1918 [美]斯蒂芬·科恩

视觉文化与艺术史系列

可见的签名 [美]弗雷德里克·詹姆逊

摄影与电影 [英]戴维·卡帕尼

艺术史向导 [意]朱利奥·卡洛·阿尔甘 毛里齐奥·法焦洛

电影的虚拟生命 [美]D. N.罗德维克

绘画中的世界观 [美]迈耶·夏皮罗

缪斯之艺:泛美学研究 [美]丹尼尔·奥尔布赖特

视觉艺术的现象学 [英]保罗·克劳瑟

总体屏幕:从电影到智能手机 [法]吉尔·利波维茨基

[法]让·塞鲁瓦

艺术史批评术语 [美]罗伯特·S.纳尔逊 [美]理查德·希夫

设计美学 [加拿大]简·福希

工艺理论:功能和美学表达 [美]霍华德·里萨蒂

艺术并非你想的那样 [美]唐纳德·普雷齐奥西 [美]克莱尔·法拉戈

艺术批评入门:历史、策略与声音 [美]克尔·休斯顿

艺术史:研究方法批判导论 [英]迈克尔·哈特 [德]夏洛特·克朗克

十月:第二个十年,1986—1996 [美]罗莎琳·克劳斯 [美]安妮特·米切尔森 [美]伊夫-阿兰·博瓦 等

当代逻辑理论与应用研究系列

重塑实在论:关于因果、目的和心智的精密理论 [美]罗伯特·C.孔斯

情境与态度 [美]乔恩·巴威斯 约翰·佩里

逻辑与社会:矛盾与可能世界 [美]乔恩·埃尔斯特

指称与意向性 [挪威]奥拉夫·阿斯海姆

说谎者悖论:真与循环 [美]乔恩·巴威斯 约翰·埃切曼迪

波兰尼意会哲学系列

认知与存在:迈克尔·波兰尼文集 [英]迈克尔·波兰尼

科学、信仰与社会 [英]迈克尔·波兰尼

现象学系列

伦理与无限:与菲利普·尼莫的对话 [法]伊曼努尔·列维纳斯

新马克思阅读系列

政治经济学批判:马克思《资本论》导论 [德]米夏埃尔·海因里希

批判理论与政治经济学批判:颠倒与否定理性 [英]维尔纳·博内菲尔德

西蒙东思想系列

论技术物的存在模式 [法]吉尔贝·西蒙东

列斐伏尔研究系列

马克思主义思想与城市 [法]亨利·列斐伏尔